DIE 7 SÄULEN DER HEILSTEINE

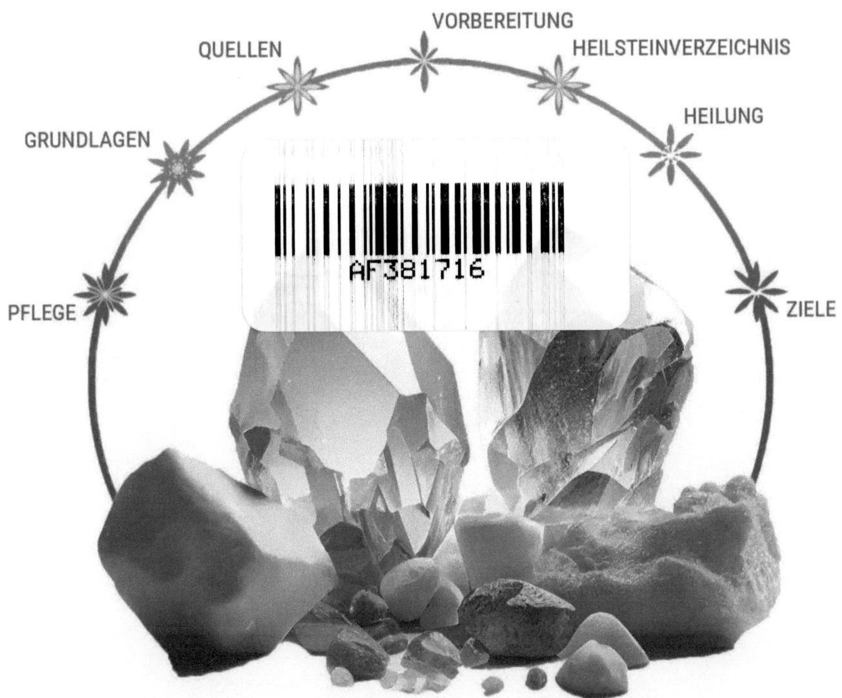

63 Techniken und Hinweise für Einsteiger. So nutzen Sie die natürliche Wirkung von Kristallen, Steinen und Mineralien zur Verbesserung Ihrer Gesundheit

MONIQUE WAGNER

Inhaltsverzeichnis

Einführung

Wenn Sie wie die meisten spirituellen Menschen sind, spüren Sie wahrscheinlich eine starke Verbindung zwischen Ihrem Geist, Ihrem Körper und der Welt um Sie herum. Sie sind nicht der Einzige. Viele andere Menschen im Laufe der Geschichte haben diese Erfahrung gemacht. Was Sie spüren, sind die unmittelbaren Zusammenhänge im Universum und zwischen all seinen Bestandteilen. Kräfte, die wir nicht einmal erahnen können, sind in unserer Welt am Werk und beeinflussen jede unserer Bewegungen und Gedanken. Diese Kräfte sind jedoch nicht beängstigend oder chaotisch. Einige wenige mögen es sein, aber die meisten dieser Kräfte sind daran beteiligt, das Universum ins Gleichgewicht zu bringen; die Wiederherstellung der unserer Welt innewohnenden Harmonie ist ihre Aufgabe. Wenn wir uns diese Kräfte zunutze machen oder sie zumindest verstehen können, dann können wir damit beginnen, ein stärker vernetztes und ausgeglichenes Leben zu führen, das so weit wie möglich mit dem Universum im Einklang steht.

Sie werden feststellen, dass dieses Gefühl in besonders schwierigen Phasen Ihres Lebens zu- oder abnimmt. Der Grund dafür sind Ihre natürlichen Kräfte, die versuchen, sich während eines Übergangs neu auszurichten. Prüfungen in Ihrem Leben können dazu führen, dass Sie sich vom Universum und seinen Kräften abwenden wollen. Doch das Universum und diese Kräfte wollen vielleicht gerade, dass Sie sich ihnen mehr denn je zuwenden. Dies ist der richtige Weg. Wenn wir es mit den mächtigen Kräften des Universums zu tun haben, wollen wir fest auf ihrer Seite stehen und mit ihnen zusammenarbeiten, und nicht gegen sie. Es gibt viel zu gewinnen, wenn man sich die Kräfte des Universums zunutze macht, vor allem in schwierigen Lebensphasen. Sich mit diesen Kräften zu verbinden, kann uns dabei helfen, zu verstehen, was uns das Universum in unseren schweren Zeiten sagen will, und wird uns ebenfalls helfen, unser Traumleben zu verwirklichen. Wenn Sie sich abmühen und das Gefühl haben, dass Sie in der Welt einfach nicht vorankommen, egal wie sehr Sie sich anstrengen, sollten Sie wissen, dass es Möglichkeiten gibt, das Universum für sich arbeiten zu lassen, anstatt umgekehrt.

Was sind nun diese geheimnisvollen Methoden, um das Universum zu verstehen und zu beeinflussen? Nun, es gibt Lernmethoden wie Tarot und Astrologie, die Ihnen helfen, den Verlauf Ihres Lebens zu bestimmen und zu verstehen, woher Ihr Temperament kommt und wie Ihr Schicksal entstanden ist. Aber wenn Sie Ihr Leben mit mystischen Mitteln in den Griff bekommen wollen, dann sind Heilsteine der beste Weg, dies zu tun. Heilsteine und Steinheilkunde gibt es schon seit Tausenden von Jahren. Die Verwendung von Edelsteinen als Heilmittel begann im alten Indien und hat sich im Laufe der Zeit immer weiterentwickelt, bis sie schließlich in der modernen Praxis gipfelte, die wir heute kennen. Alle Heilsteine haben einzigartige mineralische Eigenschaften, durch die wir uns mit spirituellen Kräften verbinden können und die dazu beitragen können, diese Kräfte zu lenken und uns zu helfen. Heilsteine können bei einer Reihe von Lebensproblemen helfen, und zwar in fast allen Bereichen des Lebens, von Geld über Beziehungen bis hin zu Karrierezielen. Es ist möglich, durch die Verwendung von Heilsteinen eine ernsthafte Veränderung in Ihrem Leben herbeizuführen, und die Heilsteinkunde wird seit Jahrtausenden von Menschen praktiziert, was sie zu einer bewährten Praxis macht.

In diesem Buch werde ich Ihnen die sieben grundlegenden Säulen der Edelsteine und der Steinheilkunde vorstellen. Wir werden uns jede der grundlegenden Qualitäten von Steinen ansehen, um Ihnen den Einstieg in Ihre Reise zu den Heilsteinen zu erleichtern. Im Laufe dieses Buches werden Sie lernen, wie Schwingungen und ähnliche Kräfte Sie, die Menschen um Sie herum und das Universum als Ganzes formen können. Sie werden lernen, sich diese Schwingungen von Steinen zunutze zu machen. Ich werde Sie auch über die vielen verschiedenen Arten von Steinen unterrichten und Ihnen zeigen, wozu sie dienen und welche Auswirkungen sie auf verschiedene Bereiche Ihres Lebens haben können. Es gibt Hunderte verschiedene Arten von Edelsteinen und unzählige verschiedene Möglichkeiten, wie Sie jeden dieser Steine verwenden können. Die Welt der Steinheilkunde ist also riesig und alles andere als simpel. Nach der Lektüre dieses Buches sollten Sie eine gute Vorstellung davon haben, wie Sie die richtigen Steine auswählen, um die gewünschten Ergebnisse in Ihrem Leben zu erzielen.

Es gab eine Zeit in meinem Leben, in der ich mich verloren fühlte – so, als hätte ich keinerlei Kontrolle. Ich hatte das Gefühl, dass mich Kräfte umgaben, die mein Leben ruinierten, aber ich wusste nicht, wie ich sie bändigen konnte. Meine skandinavischen neuheidnischen Wurzeln inspirierten mich dazu, mich mit verschiedenen spirituellen Praktiken zu befassen, um diese tiefgreifenden Probleme zu lösen, mit denen ich in meinem Leben zu kämpfen hatte. Ich recherchierte und stieß auf die Steinheilkunde. Je mehr ich über Heilsteine lernte, desto mehr wurde mir klar, dass sie mir helfen konnten. Ich las Informationen über viele verschiedene Arten von Steinen und begann, sie in mein tägliches Leben einzubeziehen, sie dafür zu nutzen, um eine negative Wellenlänge in meinem Leben zu korrigieren oder die Dinge zu manifestieren, von denen ich insgeheim geträumt hatte, in Bezug auf die ich aber immer zu viel Angst hatte, um ihnen nachzugehen. Zu meiner Freude stellte ich erstaunliche Ergebnisse fest. Ich bin stolz darauf, sagen zu können, dass ich nicht mehr unter Burn-out leide und nun das Gefühl habe, dass ich mich durch die Steinheilkunde wirklich neu ausgerichtet habe, um mein volles Potenzial entfalten und ein erfülltes Leben führen zu können. Mit diesem Buch möchte ich Ihnen helfen, die Kraft der Heilsteine zu entdecken und zu lernen, wie Sie diese einsetzen können, um Ihr Leben zu verbessern – so, wie ich meines verbessert habe.

Dieses Buch verfolgt in Bezug auf die Steinheilkunde einen kraftvollen, aber praktischen Ansatz. Ich werde die sieben Säulen nacheinander durchgehen, sodass Sie sich nach und nach in den Prozess der Steinheilkunde einarbeiten können. Die erste Säule befasst sich mit den Grundlagen der Heilsteine. In diesem Abschnitt gebe ich Ihnen einen Überblick über die Geschichte der Steine sowie über einige ihrer wichtigsten Anwendungen. In der zweiten Säule gehe ich auf die praktischen Aspekte von Heilsteinen ein. Hier werde ich Ihnen wichtige Informationen darüber vermitteln, welche Steine Sie kaufen sollten und wo Sie sie kaufen können. Auch auf einige wichtige Klassifizierungen innerhalb der Edelsteinfamilie werde ich eingehen. In der dritten Säule werde ich über einige der Möglichkeiten berichten, wie Heilsteine in Ihrem Leben eingesetzt werden können. In diesem Abschnitt sehen wir uns an, auf welche Weise Sie Steine verwenden können und bei welchen Problemen sie Ihnen helfen können. Danach, in der vierten Säule, werden wir einen Schritt zurücktreten und ich werde Ihnen zeigen, wie Sie sich auf eine Therapiesitzung mit Heilsteinen vorbereiten können. Dazu gehört, dass Sie Ihre Steine für ihre Anwendung vorbereiten und sie gut pflegen. In der fünften Säule geht es dann noch detaillierter um die Aufbewahrung und Pflege Ihrer Steine, insbesondere, wenn Sie sie nicht aktiv verwenden. Die Magie geht nicht verloren, wenn Sie Ihre Steine nicht benutzen, also müssen Sie sehr vorsichtig mit ruhenden Steinen sein und darauf achten, wo und wie Sie sie aufbewahren. In Säule 6 werde ich Ihnen eine Liste der gängigsten Heilsteinarten geben und wie sie verwendet werden können. Hier erhalten Sie einen Überblick über viele verschiedene Edelsteine, damit Sie entscheiden können, welche Sie für Ihre eigene Praxis verwenden möchten. Und schließlich werden wir uns in Säule 7 speziell mit dem Heilungsaspekt von Edelsteinen befassen, und ich werde Ihnen zeigen, wie Sie sie einsetzen können, um Heilung in Ihrem Leben und dem Leben anderer zu fördern. Durch diese sieben Säulen werden Sie alles über die Steinheilkunde erfahren und neues Wissen über eine Praxis erlangen, die eine tiefgreifende Wirkung auf Ihr Leben und Ihre Beziehung zum Universum haben kann.

Säule 1:
Grundlagen

Die Steinheilkunde ist für alle da. Sie ist eine der am weitesten verbreiteten und ältesten spirituellen Praktiken der Welt. Doch was genau verbirgt sich dahinter und wie können wir sie nutzen? Wahrscheinlich sind Sie neugierig auf all die verschiedenen Dinge, die Steine bewirken können, und auch darauf, wie sie mit anderen spirituellen Praktiken zusammenhängen. In dieser Säule werde ich Ihnen einen grundlegenden Überblick über die Heilsteine und all die Dinge geben, für die Sie sie einsetzen können. Zunächst werden wir uns in Kapitel 1 die Definition und die Ursprünge der Steinheilkunde ansehen. Dies ist das Kapitel, in dem ich die Grundlagen dessen, was wir Heilsteine nennen, darlege. Dann werden wir in Kapitel 2 die Beziehung zwischen Heilsteinen und Energie untersuchen und erforschen, auf welche Art Heilsteine Energie enthalten und was diese Energie bewirken kann. Kapitel 3 wird sich anschließend mit der Beziehung zwischen Edelsteinen und Chakren befassen, einer weiteren wichtigen spirituellen Praxis, die ihren Ursprung ebenfalls im alten Indien hat. Chakren sind sehr wichtig für die Energie und die Ausrichtung des Körpers und haben daher eine sehr enge Verbindung zu Heilsteinen. In Kapitel 4 schließlich werden wir als letzte Grundlage die Verbindung zwischen Heilsteinen und Auren untersuchen, die sowohl in historischen als auch in modernen spirituellen Praktiken sehr wichtig sind. In diesen vier Kapiteln werde ich eine klare Erläuterung der Grundlagen der Heilsteinkunde vornehmen, sodass Sie sich anschließend selbstständig weitere Kenntnisse aneignen können.

Kapitel 1:
Was ist Steinheilkunde?

Im Wesentlichen geht es bei der Steinheilkunde darum, die Energie bestimmter Edelsteine zu nutzen, um eine Wirkung auf den Körper zu erzielen. Heilsteintherapeuten und -anwender glauben, dass jeder Edelstein eine einzigartige Kraft besitzt, die tief in seinem Innersten gespeichert ist. Diese Steine verfügen von Natur aus über diese Kräfte, können aber von den Menschen genutzt werden, um diese Kräfte auf alle möglichen Dinge zu lenken. Sie können also bestimmte Steine aufgrund ihrer Eigenschaften auswählen und versuchen, sie für die Art von Heilung zu nutzen, die Sie praktizieren möchten. Dies fasst das grundlegende Prinzip der Steinheilkunde zusammen, aber die tatsächliche Praxis ist viel breiter gefächert und geht tiefer. Da die Steinheilkunde bereits seit sehr langer Zeit überall auf der Welt praktiziert wird und auch heute noch stark verbreitet ist, gibt es viele verschiedene Denkschulen und kulturelle Praktiken, die verschiedene Methoden der Steinheilkunde parallel anwenden. Die Steinheilkunde verfügt auch über viele verschiedene Aspekte, selbst innerhalb bestimmter Praktiken. Man kann Steine am Körper tragen, sie während der Meditation oder bei einer Massage verwenden oder sie in bestimmte Rituale einbinden. Steine können auch für medizinische Zwecke, für die psychische Heilung und in zwischenmenschlichen Beziehungen zur Versöhnung verwendet werden. In diesem Kapitel befassen wir uns mit einigen grundlegenden Aspekten der Steinheilkunde und helfen Ihnen, zu verstehen, woher Heilsteine kommen, was sie bewirken können und wie Sie sie in Ihrer spirituellen Praxis einsetzen können.

Die Geschichte der Steinheilkunde

Heilsteine haben eine vielfältige Geschichte, die mindestens 6.000 Jahre zurückreicht. Es ist schwer zu sagen, wo genau die Verwendung von Heilsteinen ihren Anfang nahm, da sich Spuren überall auf der Welt finden lassen, die zeitlich zusammenfallen; wir werden uns auf die drei Haupttraditionen konzentrieren, die die Anwendung von Heilsteinen ins Leben gerufen haben: die amerikanischen Ureinwohner, die Südasiaten und die Europäer. Diese drei Kulturen bilden das Rückgrat der modernen Heilsteinpraxis, da sie jeweils Kernkonzepte und unterschiedliche Praktiken rund um die Steinheilkunde entwickelt haben. In diesem Abschnitt werde ich Ihnen einen kurzen Überblick darüber geben, auf welche Weise jede dieser Kulturen ihr Verständnis von der Kraft der Steine entwickelt hat.

Die Heilsteinpraxis der amerikanischen Ureinwohner

Im indigenen Amerika wurde die Steinheilkunde vor allem von den Völkern der Cherokee und Apachen praktiziert. Die Traditionen waren in diesen Kulturen sehr standardisiert und wurden über Generationen hinweg nach einer einheitlichen Methodik gelehrt; sie haben sich im Laufe der Zeit dennoch weiterentwickelt. Die Praktiken der Cherokee und Apachen legen ihren Fokus auf die Kernkonzepte der Meditation und des Respekts. Diese beiden Aspekte der Steinheilkunde zeigen, dass der Kraft der Steine großes Gewicht beigemessen wird, was ihre offensichtliche Bedeutung unterstreicht. Den Cherokee- und Apachen-Völkern zufolge muss man beim Umgang mit Steinen auf sehr sorgfältige und klare Weise darüber nachdenken, wie man sich auf seine Wünsche fokussiert, und die Heilsteine wie äußerst mächtige Objekte behandeln, indem man ihnen großen Respekt entgegenbringt. Wenn wir uns diese Praxis ansehen, können wir erkennen, woher unsere heutigen Vorstellungen von geistiger Klarheit und Respekt für Heilsteine stammen.

Die südasiatische Heilsteinpraxis

Auch auf dem indischen Subkontinent entwickelte sich eine Heilstein-Tradition. In diesem Teil der Welt waren Heilsteine stets mit der Hauptreligion, dem Hinduismus, verbunden. Der Hinduismus ist eine der ältesten heute noch praktizierten Religionen und immer noch die vorherrschende offizielle Religion Indiens. Laut den Hindu-Texten, den Veden, stammen die Steine aus dem Körper des Dämons Vala und bündeln somit dessen Macht in ihrer materiellen Form. Diese Sichtweise auf Heilsteine unterstreicht ihre intensive Kraft, die in ihrer Beschaffenheit buchstäblich göttlich ist, aber auch ihr Potenzial zum Bösen. Wenn Sie die Energie Ihrer Heilsteine nicht richtig kanalisieren, haben sie das Potenzial, Chaos und Zerstörung zu verursachen. Umso mehr sollten Sie Ihre Steine mit Sorgfalt und Respekt behandeln.

Die europäische Steinheilkunde

In Europa entwickelten viele vorchristliche Kulturen ebenfalls eine Heilsteinpraxis. Vor allem Großbritannien hat eine reiche Geschichte mit Heilsteinen. In der westlichen Praxis sind Heilsteine sehr eng mit den Sternen verbunden, insbesondere in der Astrologie. Den Steinen wurde eine Bedeutung zugewiesen, die auf ihren Assoziationen mit bestimmten astrologischen Zeichen beruhte, wodurch sie mit dem

Geheimnis und der Macht des Himmels in Verbindung gebracht wurden. Ein einzigartiger Aspekt der europäischen Heilsteinkunde ist, dass die Menschen aufgrund der Verbindung von Heilsteinen zur Geburtsastrologie bestimmte Steine hatten, mit denen sie besonders verbunden waren. In der Astrologie könnte Ihr Sonnenzeichen mit einem bestimmten Stein in Verbindung stehen, was bedeutet, dass Sie diese Art von Stein verwenden würden, wenn Sie krank sind oder auf irgendeine Weise Hilfe benötigen. Dieses System der „Schutzsteine" ist eine besonders europäische Erfindung, die später mit dem Konzept der Schutzheiligen in Verbindung gebracht wurde. An dieser Praxis können wir sehen, wie eng die individuelle Identität und die Astrologie mit der Heilsteinpraxis verbunden waren.

Die Vorteile von Heilsteinen

Jetzt, wo Sie wissen, was Heilsteine sind und woher sie kommen, möchten Sie wahrscheinlich erfahren, wobei sie Ihnen eigentlich helfen können. Es gibt viele Möglichkeiten, wie Sie von der Nutzung von Heilsteinen profitieren können. Die positive Auswirkung von Heilsteinen wird im Allgemeinen in drei Hauptbereiche unterteilt: körperliche Gesundheit, geistige Gesundheit und Manifestation. Im Folgenden geben wir Ihnen eine kurze Beschreibung dieser drei Kategorien und gehen darauf ein, wie Sie sie nutzen können.

Körperliche Gesundheit

Es gibt viele Menschen, die sich von der modernen medizinischen Welt im Stich gelassen fühlen. Entweder, weil sie eine chronische Krankheit haben, für die sie einfach keine Diagnose bekommen, oder vielleicht, weil sie eine Frau sind und das Gefühl haben, dass sich die Medizin nicht für den weiblichen Körper interessiert, oder einfach, weil die benötigten Hilfsmittel nicht bezahlt werden. Aus diesen Gründen wenden sich viele Menschen alternativen Formen der Medizin zu, um sich mehr Gehör zu verschaffen und zusätzliche Behandlungen in Anspruch zu nehmen, die traditionell von westlichen Ärzten nicht praktiziert werden. Obwohl Sie Ihre Gesundheitsfürsorge nie vollständig in die eigenen Hände nehmen sollten, insbesondere, wenn Sie an einer lebensbedrohlichen Krankheit wie Krebs leiden, können Sie Ihre bestehende medizinische Behandlung mit der Heilsteintherapie ergänzen. Für Menschen mit weniger lebensbedrohlichen Krankheiten sind Heilsteine geeignet. Die Steinheilkunde kann auch eine großartige Form der alternativen Medizin für Krankheiten sein, für die es in der Medizin keine anerkannten Ursachen oder Behandlungen gibt, wie Migräne oder chronische Müdigkeit. Viele Menschen, die unter diesen Krankheiten leiden, fühlen sich von der medizinischen Welt im Stich gelassen und erfahren durch die Anwendung von Heilsteinen viel Heilung. Sie können dazu beitragen, die Energien auszurichten und den Körper zu beruhigen, um unter anderem seine natürlichen Immunreaktionen zu nutzen. Wenn Sie unter gesundheitlichen Problemen leiden, bei denen die Ärzte Ihnen nicht zu helfen scheinen, dann lohnt es sich, Heilsteine auszuprobieren.

Psychische Gesundheit

Eine noch kompliziertere Komponente der medizinischen Welt ist die psychische Gesundheitspflege. Viele Menschen fühlen sich in Bezug auf die Behandlung ihrer psychischen Gesundheit am Ende ihrer Kräfte. Sie haben das Gefühl, dass sie abgewiesen, durch starre Diagnosen in eine Schublade gesteckt oder übermäßig mit Medikamenten behandelt werden, ohne dass auf ihre individuellen Bedürfnisse eingegangen wird. Heilsteine helfen Ihnen, sich zu erden und eine stärkere Verbindung mit der Erde und dem Universum um Sie herum herzustellen, was Wunder für Ihre psychische Gesundheit bewirken kann. Wenn Sie das Gefühl haben, dass Ihre psychischen Probleme durch die moderne

Psychologie nicht angemessen angegangen werden und nichts zu funktionieren scheint, dann können Heilsteine eine großartige Hilfe sein, die Sie ausprobieren sollten.

Manifestation

Zu guter Letzt können Sie Steine auch dann verwenden, wenn Sie nicht besonders leiden oder wenn Ihre Probleme eher äußerlicher Natur sind. Da Edelsteine eine so starke Kraft und Verbindung mit dem Universum haben, können Sie sie verwenden, um Dinge außerhalb Ihres eigenen Körpers zu bewirken. Viele Menschen verwenden Edelsteine, um sich in Bereichen wie Karriere, Beziehungen, Familie und sogar Kreativität zu helfen. Wenn Sie nach Antworten suchen, die außerhalb von Ihnen selbst liegen – in Ihrem Schicksal oder in Ihren Beziehungen zu anderen Menschen oder der Welt im Allgemeinen –, dann können Sie auf jeden Fall Edelsteine verwenden, um zu versuchen, ein wenig mehr Ordnung in Ihr Leben zu bringen.

Der Unterschied zwischen Heilsteinen und Edelsteinen

Sie fragen sich vielleicht, ob Heilsteine immer dasselbe sind wie Edelsteine. Schließlich verwenden wir Heilsteine in nicht-spiritualistischem Schmuck gelegentlich zusammen mit Edelsteinen, sodass es manchmal schwierig sein kann, den Unterschied zwischen ihnen zu erkennen. Es gibt zwar einige Überschneidungen zwischen Edelsteinen und Heilsteinen, aber sie bezeichnen nicht unbedingt dasselbe. Edelsteine werden hauptsächlich nach ihrer Reinheit kategorisiert. Wenn Sie einen Saphir oder einen Diamanten sehen, handelt es sich in der Regel um Edelsteine, deren chemische Zusammensetzung einen hohen Reinheitsgrad aufweist und die deshalb geschliffen und zum Verkauf angeboten werden. Heilsteine hingegen werden nicht nach ihrer Reinheit bewertet oder gar kategorisiert, sondern nach ihrer chemischen Form. Es gibt keinen von

Natur aus „reineren" Stein, da Heilsteine nur nach ihren Materialeigenschaften kategorisiert werden. Ein Heilstein muss auch nicht glänzen oder Licht reflektieren wie ein Edelstein. Viele Heilsteine ähneln Felsen, sind völlig undurchsichtig und hart. Der letzte Unterschied ist natürlich, dass Heilsteine spirituelle Eigenschaften haben und zu Heilzwecken verwendet werden. Edelsteine werden nicht unbedingt zu diesem Zweck verwendet, daher werde ich in diesem Buch nicht auf sie eingehen. Jetzt, da Sie mit den Grundlagen der Steinheilkunde vertraut sind, können wir uns mit einigen der Dinge befassen, mit denen Heilsteine interagieren. In den nächsten drei Kapiteln werden wir die Beziehungen erforschen, die zwischen Heilsteinen und Konzepten wie Lebensenergie, Chakren und Auren bestehen.

Kapitel 2:
Heilsteine und Energie

In der Welt der Heilsteine gibt es mehrere Eckpfeiler, die den Kern der Praxis bilden, einer davon ist das Konzept der Energie. Wenn Heilsteintherapeuten einen Heilstein auswählen, ziehen sie dieses Energiekonzept zurate, um den richtigen Stein für den jeweiligen Anlass auszuwählen. Wenn Sie den falschen Stein für Ihre Praxis wählen, werden Sie es wahrscheinlich viel schwerer haben, die gewünschten Ergebnisse zu erzielen. Aus diesem Grund sollten Sie sich gut über das Konzept der Heilstein-Energie informieren, bevor Sie damit beginnen, mit Heilsteinen zu arbeiten. In diesem Kapitel werden wir uns einige verschiedene Aspekte und Anwendungen der Heilstein-Energie ansehen, um Ihr Verständnis dafür zu vertiefen, wie Steine mit unserer angeborenen spirituellen Neigung interagieren.

Die Energie unseres Körpers

Das Konzept der Heilstein-Energie wäre unvollständig untersucht, wenn wir uns nicht auch mit den Energien befassen würden, die der Mensch ausstrahlt. In der Tat schwingt alles im Universum in einer bestimmten

Frequenz. Alle diese Frequenzen haben mit Kräften wie Wärme, Elektrizität und chemischen Stoffen zu tun. Alle Menschen schwingen auf einer bestimmten Frequenz, die ihrer spezifischen Energie entspricht. Ist Ihnen schon einmal aufgefallen, dass bestimmte Menschen „höhere" Energien haben als andere oder dass mit bestimmten Menschen zusammen zu sein anstrengender ist als mit anderen? Das steht in direktem Zusammenhang mit der Energie der betreffenden Person. Genau wie die Heilsteine hat auch jeder Mensch seine eigene Energie, die er ausstrahlt. Außerdem haben verschiedene Bereiche des menschlichen Körpers unterschiedliche Frequenzen. Es gibt viele Dinge, die unsere Energien in verschiedenen Teilen unseres Körpers beeinflussen können, z. B. Beziehungskonflikte, Stress oder sogar gesundheitliche Probleme.

Wenn wir diese Fehlausrichtungen in der Energie unseres Körpers erleben, können wir Heilsteine verwenden, um unsere Energien neu zu ordnen und zu versuchen, sie in einen ausgeglicheneren Zustand zu bringen. Zu diesem Zweck verwenden die Menschen Edelsteine – um ihren Körper und Geist durch Energie und Schwingungen zu heilen. Wenn Sie zum Beispiel aufgrund von Ereignissen in Ihrem Leben in einer niedrigeren Frequenz schwingen, können Sie Heilsteine mit hoher Schwingung verwenden, um Ihren Körper durch Osmose wieder ins Gleichgewicht zu bringen. In ähnlicher Weise können Sie Steine mit niedrigeren Schwingungen verwenden, damit diese etwas von der höheren Energie in Ihrem Körper absorbieren und Ihnen helfen, Ihre Energien wieder zu senken. Dies ist eine ziemlich einfache Erklärung mit lediglich positiven und negativen Werten, aber sie bringt das allgemeine Konzept auf den Punkt. In Wirklichkeit gibt es einen ganzen Regenbogen von Energien, die Ihr Körper erfahren kann, wobei spezielle Heilsteine als Ausgleichsmittel für alle Fehlausrichtungen Ihres Körpers wirken. Kurz gesagt, Heilsteine helfen, Ihre Energie mittels ihrer eigenen zu regulieren.

Die Schwingungen und Kraft von Heilsteinen

Die Vorstellung, dass Steine schwingen, ist kein rein spirituelles Konzept. Tatsächlich sind die Schwingungen von Mineralen ein gut dokumentiertes wissenschaftliches Phänomen. Steinschwingungen haben sogar die Kraft, kleine mechanische Geräte zu betreiben. Quarz wird zum Beispiel seit den späten 1960er-Jahren für den Betrieb von Uhren verwendet. Da Quarz ein so zuverlässiges und regelmäßiges Schwingungsmuster hat, können die Uhrmacher die Batterie durch ihn hindurchleiten. Dadurch wird ein extrem gleichmäßiger Takt erzeugt, der der Uhr hilft, die Zeit zu halten. Wie wir an diesem Beispiel sehen können, erzeugen Quarz und andere Steine ein sehr reales physisches Energiefeld, und wenn diese Energie zur Regulierung mechanischer Geräte verwendet werden kann, kann sie sicherlich auch zur Regulierung der Energien des Menschen eingesetzt werden. Dies ist die wahre Wissenschaft hinter den Veränderungen der spirituellen Schwingungen, von denen viele Menschen berichten, wenn sie Steine in ihrer Heilpraxis verwenden. Wenn Ihnen also das nächste Mal jemand sagt, Steine seien nur Hokuspokus, können Sie ihn fragen, was seine Uhr antreibt!

Chi

Viele behaupten, dass die Idee der Heilstein-Energie ihre Wurzeln im chinesischen Konzept der Lebensenergie, dem Chi, hat. Chi ist im Wesentlichen die Kernenergie Ihres Körpers, Ihres wahren Selbst oder Ihrer tiefsten Ausrichtung. Alle Aspekte Ihres Geistes und Körpers fließen in Ihre Chi-Energie zurück. Die Nahrungsmittel, die Sie zu sich nehmen, wie Sie Ihren Körper bewegen, die Menschen, mit denen Sie zu tun haben, und die Praktiken, die Sie ausüben, fließen alle in Ihr gesamtes Chi ein. Wenn Sie also kein glückliches oder gesundes Leben führen, wird Ihr Chi dies widerspiegeln. Um sich richtig um Ihr Chi zu kümmern, müssen Sie sich zuerst richtig um sich selbst kümmern. Im Gegenzug erschafft Ihr Chi Ihre allgemeine Identität und hilft Ihnen, Ihr Selbstbewusstsein zu zentrieren. Ihr Chi verbindet Sie auch mit dem Universum als Ganzes, das eine Masse oder ein höheres Chi darstellt. In gewissem Sinne fließt das Chi des Universums durch uns alle, nimmt individuelle Formen an, fließt aber immer in denselben Pool zurück.

Das Kernkonzept des Chi ist die Unterscheidung zwischen dem Geformten und dem Formlosen. Die geformte Welt ist die physische Welt, die aus Ihrem physischen Körper, der Erde und den Menschen um Sie herum besteht. Dies umfasst die Dinge, die wir berühren, sehen und fühlen können. All diese Dinge besitzen auch eine formlose Qualität, sogar scheinbar tote Dinge wie Felsen, aber die Welt des Geformten beschäftigt sich nur mit den physischen Eigenschaften von allem. Die Welt des Formlosen ist die geistige Realität. Sie kann nicht gesehen, gehört oder in irgendeiner Weise mit den Sinnen wahrgenommen werden, aber sie wird von jedem und allem auf der Erde tief empfunden. Sie werden keinen Menschen treffen, selbst den überzeugtesten Atheisten, der nicht irgendwann in seinem Leben irgendeine Art von höherer Verbindung gespürt hat, ob er sie nun Gott, Energie oder einfach nur Liebe zwischen Menschen nennt. Diese formlose Welt ist auf eindeutige Weise mit der geformten Welt verbunden, aber der Grad dieser Verbindung ist von größter Bedeutung. Diese beiden Welten unterscheiden sich, aber wir müssen Verbindungen zwischen ihnen finden.

Was hat das nun mit Heilsteinen zu tun? Nun, in der Welt des Chi haben Steine die Aufgabe, eine starke Verbindung zwischen der geformten und der formlosen Welt herzustellen. Wenn Sie Heilsteine verwenden, unterstützen diese Sie dabei, sich wieder mit Ihrer inneren Chi-Energie zu verbinden und eine klare Verbindung zwischen der geformten Welt Ihres Körpers und der formlosen Welt Ihres spirituellen Geistes herzustellen. Wenn diese beiden Welten im Einklang sind, werden Sie sich in einem viel glücklicheren und gesünderen Zustand befinden. Mit der Steinheilkunde können Sie diese Verbindung herstellen, indem Sie all Ihre Energien zentralisieren und Ihren Geist und Körper näher als je zuvor zusammenbringen.

Kapitel 3:
Heilsteine und Chakren

Ein weiterer Aspekt der Energie von Heilsteinen sind die Chakren. Wir haben kurz über Chakren gesprochen, als wir die verschiedenen Energien in den verschiedenen Teilen unseres Körpers erwähnten. Die Chakren sind im Wesentlichen ein Rahmen, mit dem wir unseren Körper entsprechend den Energien kategorisieren können. Dieses Konzept ähnelt den Ideen des Chi, unterteilt aber die Energien in verschiedene Bereiche. Das Konzept der Chakren ist grundlegend für moderne Ansichten rund um die Steinheilkunde und bildet einen wichtigen Aspekt der heutigen Heilsteinpraxis. In diesem Kapitel führe ich Sie durch die wichtigsten Konzepte rund um die Chakren und gehe darauf ein, wie Sie sie nutzen können, um Ihre Heilsteinpraxis zu verbessern.

Was sind die sieben Chakren?

Wie wir bereits erwähnt haben, gibt es anders als beim Chi tatsächlich mehrere Chakren in Ihrem Körper; und zwar gibt es sieben, die alle für eine andere Art von Energie in Ihrem Körper verantwortlich sind. Dieses System identifiziert verschiedene wichtige Punkte in Ihrem

Körper, die für eine Heilungspraxis anvisiert werden können. Wenn Sie die Chakren nutzen, um sich selbst zu heilen, zielen Sie auf einen dieser wichtigen Bereiche ab. Jeder Bereich entspricht einem anderen Aspekt Ihres Lebens oder einer möglichen Erkrankung. Wenn Sie diese verschiedenen Bereiche und den Teil des Körpers, mit dem sie verbunden sind, identifizieren, können Sie einen viel gezielteren spirituellen Heilungsprozess aufbauen. In diesem Abschnitt werde ich die sieben Chakren umreißen und erklären, was sie sind, wie sie sich auf Ihr Leben und Ihren Körper beziehen und wie sie zur Heilung genutzt werden können.

Das Wurzelchakra

Das erste Chakra, das wir uns ansehen werden, ist das Wurzelchakra, das sich am tiefsten Punkt des Körpers befindet: an der Basis der Wirbelsäule. Es wird als die Wurzel des Körpers betrachtet, weil das gesamte Nervensystem von der Wirbelsäule ausgeht. Es ist auch der Teil, auf dem wir sitzen, und baut daher unserer Verbindung mit dem Boden unter uns oder unseren Wurzeln auf. Dieses Chakra verbindet uns mit der Erde, stellt unsere Verbindung mit dem Boden unter unseren Füßen her und sorgt dafür, dass wir nicht den Bezug zur Realität verlieren. Das Wurzelchakra wird mit der Farbe Rot assoziiert, die auf das Blut und die Lebenskraft hinweist, die so zentral für das Thema dieses Chakras sind.

Wie bei den meisten spirituellen Ideen, z. B. in der Astrologie und bei Tarotkarten, gibt es bei den Chakren gute und schlechte Manifestationen. Oder besser gesagt, es gibt einen Zustand, in dem dieses Chakra nicht ausgerichtet ist, und einen Zustand, in dem es ausgerichtet ist. Wenn Ihr Wurzelchakra falsch ausgerichtet ist, wirkt sich das auf Ihr Gefühl von Sicherheit und Bodenständigkeit aus. Körperliche Symptome eines falsch ausgerichteten Wurzelchakras können Verstopfung,

Arthritis oder Darmprobleme sein. Emotionale Symptome können Ängste in Bezug auf Ihre finanzielle Situation oder Ihre Lebensumstände sein sowie ein allgemeines Gefühl der Verlorenheit, so, als würden Sie Ihren Platz in der Welt nicht kennen. Wenn Ihr Wurzelchakra korrekt ausgerichtet ist, sollten Sie ein starkes Gefühl der Kontrolle über Ihr Leben und eine Verbundenheit mit der Welt um Sie herum spüren. Dieses Chakra zu öffnen und ausgeglichen zu halten, ist wichtig, um Ihren Selbstwert und Ihre Identität zu erhalten, aus denen alle anderen Aspekte Ihrer Persönlichkeit hervorgehen.

Das Sakralchakra

Das Sakralchakra befindet sich in den Leisten. Dieses Chakra regiert die Bereiche Sexualität, Kreativität und Selbstwertgefühl. Das mag wie ein Widerspruch erscheinen, aber diese Konzepte sind tatsächlich eng miteinander verbunden. Für viele Menschen ist die Energie, die mit ihrer Libido verbunden ist, auch eng mit ihrer kreativen Energie verknüpft. Der Wunsch, etwas zu erschaffen, auf andere einzuwirken und sich mit anderen zu verbinden, gilt sowohl für kreative Tätigkeiten als auch für die Sexualität. Auch das Selbstwertgefühl ist mit diesen beiden Bereichen verbunden. Kreativer Ausdruck und Sexualität sind beides sehr intime Themen, bei denen Menschen eine Seite von sich zeigen, die sie normalerweise nicht vor der ganzen Welt zur Schau stellen. In diesen Bereichen ist man sehr verletzlich, und eine Zurückweisung kann daher umso mehr schmerzen. Aus diesem Grund ist das Selbstwertgefühl vieler Menschen fest mit ihren kreativen Talenten und ihrer sexuellen Leistung verbunden. Man kann den Einfluss, die diese Dinge haben, wirklich nicht unterschätzen. Die Farbe des Sakralchakras ist Orange und unterstreicht die Intensität des Themas.

Wenn Ihr Sakralchakra falsch ausgerichtet ist, kann dies zu Problemen mit den zugehörigen Organen führen. Zu den körperlichen Symptomen können chronische Harnwegsinfektionen, Schmerzen im unteren Rücken und sexuelle Impotenz gehören. Emotionale Symptome können sexuelle Unterdrückung, Ängste oder kreative Blockaden sein. Wenn Ihr Sakralchakra blockiert ist, werden Sie feststellen, dass sich diese Bereiche Ihres Lebens so anfühlen, als ob etwas feststeckt und nicht herauskommen kann. Es kann sehr frustrierend sein, wenn dieses Chakra blockiert ist, da es Bereiche regiert, für die man sich möglicherweise schämt. Aus diesem Grund kann es schwierig sein, Hilfe zu bekommen, wenn dieses Chakra aus dem Gleichgewicht geraten ist. Wenn Ihr Sakralchakra jedoch korrekt ausgerichtet ist, werden Sie einen freien Fluss von kreativen und sexuellen Ideen erleben. Sie werden in beiden Bereichen gute Leistungen erbringen können und ein starkes Gefühl der Selbstachtung verspüren. Die Ausrichtung dieses Chakras ist von zentraler Bedeutung für Ihr Vertrauen in sich selbst und Ihre Fähigkeiten.

Das Solarplexus-Chakra

Wenn man sich am Körper nach oben bewegt, kommt man zum Solarplexus-Chakra. Dieses Chakra befindet sich in der Magengegend oder im Oberbauch. Als solches regelt es Dinge wie Hunger und Grundbedürfnisse sowie Vertrauen und Selbstwertgefühl. Während sich das Sakralchakra auf das Selbstwertgefühl im intimeren Bereich bezieht, geht es beim Solarplexus-Chakra um das Selbstwertgefühl im öffentlichen Bereich. Während Ihr Sakralchakra also für Ihre Unsicherheiten in intimen Beziehungen oder im Schlafzimmer steht, ist das Solarplexus-Chakra mit Unsicherheiten in Bezug auf Ihr Körperbild, größere Freundeskreise und Dinge wie öffentliches Reden verknüpft. Sie werden feststellen, je höher wir im Körper aufsteigen, umso mehr schauen wir nach außen. Die untersten Chakren sind auf das Selbst bezogen, aber wenn wir uns dem mittleren Punkt – dem Herzchakra – nähern, beginnen wir, mehr nach außen zu schauen. Die Farbe des

Solarplexus-Chakras ist Gelb, und im Vergleich zum Sakralchakra bezieht es sich mehr auf soziale Unsicherheiten.

Wenn das Solarplexus-Chakra falsch ausgerichtet oder blockiert ist, dann werden die oben beschriebenen Lebensbereiche zu einer Herausforderung. Körperliche Symptome äußern sich in der Regel in Form von Verdauungsproblemen, wie Geschwüren oder Sodbrennen. Möglicherweise reagieren Sie auch sehr empfindlich auf bestimmte Nahrungsmittel, sodass Ihr Magen vieles nicht vertragen kann. Was die psychischen Symptome betrifft, so werden Sie wahrscheinlich unter einer Menge Problemen mit dem Selbstvertrauen leiden, weil Sie nicht wissen, wie Sie von anderen wahrgenommen werden. Körperbildprobleme, die zu Essstörungen führen, sind eine häufige Manifestation eines falsch ausgerichteten Solarplexus-Chakras. Bei Menschen, deren Solarplexus-Chakra blockiert ist, können auch Probleme im Zusammenhang mit Macht oder dem Gefühl von Machtlosigkeit auftreten. Wenn dieses Chakra korrekt ausgerichtet ist, werden Sie wahrscheinlich ein sehr selbstbewusster und geselliger Mensch sein. Ausgehend von der Zuversicht und Bodenständigkeit des Wurzel- und Sakralchakras, die für inneres Vertrauen stehen, werden sich Menschen mit einem frei fließenden Solarplexus-Chakra auch wohlfühlen, wenn sie diese Dinge mit der Welt teilen. Sie werden das Gefühl haben, dass sie frei ausdrücken können, wer sie sind, und keine Angst haben müssen, wegen ihrer Worte oder ihres Aussehens verurteilt zu werden.

Das Herzchakra

Als zentrales Chakra auf der Liste nimmt das Herzchakra einen sehr wichtigen Platz ein. Dieses Chakra stellt den Übergang von der inneren zur äußeren Welt dar und knüpft die Beziehung zwischen dem Selbst und den anderen Menschen. Es ist also kein Zufall, dass die Aspekte des Lebens, die mit diesem Chakra assoziiert werden, Liebe und Beziehungen sind. Das Herzchakra befindet sich genau dort, wo man es vermuten würde: in der Mitte der Brust. Im Yoga spielt dieses Chakra als Körpermitte eine große Rolle, und die Yogalehrer lenken während der Praxis häufig den Fokus auf diesen Bereich, um den Körper neu zu zentrieren. Als Übergangs-Chakra nimmt das Herzchakra einen sehr wichtigen Platz auf dieser Liste ein. Es repräsentiert die Schnittpunkte zwischen vielen Dingen: dem Selbst und dem Anderen, dem Innen und dem Außen, den oberen und den unteren Chakren, dem Individualismus und dem Kollektivismus. Dem Herzchakra ist die Farbe Grün zugeordnet. Wenn Sie sich auf Ihr Herzchakra konzentrieren, konzentrieren Sie sich im Wesentlichen auf die wichtigsten zwischenmenschlichen Beziehungen.

Wie Sie sich vorstellen können, kann ein falsch ausgerichtetes oder blockiertes Herzchakra Sie in einen Zustand persönlicher Einsamkeit versetzen. Wenn es Ihnen nicht gelingt, eine Beziehung zwischen sich selbst und anderen herzustellen, führt das zu einem von zwei Dingen. Vielleicht konzentrieren Sie sich viel zu sehr auf Ihre eigenen Bedürfnisse und berücksichtigen nie die Bedürfnisse anderer. Das wird Sie zu einer höchst egoistischen und individualistischen Person machen, die von niemandem viel Liebe und Fürsorge erhält. Eine Fehlstellung des Herzchakras kann jedoch auch dazu führen, dass Sie sich in die andere Richtung orientieren, sich zu sehr auf die Bedürfnisse anderer konzentrieren und Ihre eigenen völlig außer Acht lassen. In jedem Fall unterhalten Sie dann sehr einseitigen Beziehungen, die nicht zu für beide Seiten vorteilhaften und zufriedenstellenden Umständen führen. Mit der Fehlausrichtung des Herzchakras können auch körperliche Symptome einhergehen, einschließlich tatsächlicher Herzprobleme und Atemprobleme wie Asthma. Unabhängig von Ihren Symptomen wird ein blockiertes Herzchakra Sie in einen Zustand tiefer Einsamkeit versetzen. Wenn Ihr Herzchakra jedoch offen ist, werden Sie sich an starken und fruchtbaren Beziehungen zu anderen erfreuen, in denen die Bedürfnisse aller erfüllt werden und jeder sich frei ausdrücken kann.

Das Hals-Chakra

Noch höher im Körper liegt das Hals-Chakra, das sich logischerweise im Halsbereich befindet. Es steht für Teile des Körpers wie den Mund, die Mandeln und alles in diesem Bereich allgemein. Das Hals-Chakra hängt hauptsächlich mit der verbalen Kommunikation mit anderen und der äußeren Welt zusammen. Wenn wir uns im Körper nach oben bewegen, bewegen wir uns auch weiter nach außen. Während das Herzchakra mit Liebe und zwischenmenschlichen Beziehungen zu tun hat, befasst sich das Hals-Chakra mit allen Formen der Kommunikation, die nicht unbedingt intimer Natur sind. Die Farbe des Hals-Chakras ist Blau, und seine Ausrichtung bestimmt zum großen Teil Ihre öffentliche Identität. Es leitet Ihre Fähigkeit, sich anderen gegenüber klar auszudrücken und Ihre Redegewalt zum Guten zu nutzen.

Wenn Ihr Hals-Chakra blockiert ist, werden Sie Probleme mit der Kommunikation haben. Einige körperliche Symptome können Halsinfektionen oder sogar Zahnprobleme sein, alles, was mit der Hygiene des Mund- und Rachenraums zu tun hat. Zu den emotionalen Symptomen gehört, dass man sich nicht richtig ausdrücken kann, vielleicht extrem schüchtern wird oder einfach etwas unklar formuliert. In den schlimmsten Fällen fangen Menschen mit einem blockierten Hals-Chakra an, ihre Sprache auf böswillige Weise zu gebrauchen, indem sie sich an schädlichem Klatsch oder beleidigendem Verhalten beteiligen. Vielleicht stellen Sie auch fest, dass Sie keine Kontrolle darüber haben, wann Sie sich mitteilen, und dazu neigen, ohne nachzudenken zu sprechen. Wenn Sie dieses Chakra jedoch korrekt ausrichten, werden Sie diesen Aspekt Ihrer Sprachfähigkeiten wiedererlangen und in der Lage sein, effektiver und ehrlicher zu kommunizieren. Ein großer Faktor eines gelösten Hals-Chakras ist die Fähigkeit, Mitgefühl auszusprechen und ehrlich zu sich selbst zu bleiben sowie andere zu informieren.

Das Stirnchakra

Ihr Stirnchakra, auch „drittes Auge" genannt, befindet sich direkt an Ihrer Stirn, etwas höher liegend als der Bereich zwischen Ihren Augen. Wenn Sie wollen, können Sie sich dort ein weiteres Auge vorstellen, aber das ist nicht ganz das, was das Stirnchakra ausdrücken will. Beim Stirnchakra geht es nicht darum, dass man die Welt um sich herum sehen kann, sondern darum, dass man über diese hinaus in die intuitive Welt dahinter sehen kann. Das mag sich so anhören, als würden wir zur grundlegenden, inneren Welt des Wurzelchakras zurückkehren, aber in Wirklichkeit geht es sogar noch darüber hinaus. Das Stirnchakra bewegt sich über die soziale Welt hinaus in die Welt des Unbekannten oder Ungeformten. Ihre Fähigkeit, den verborgenen Kräften um Sie herum zu vertrauen und die Realität so zu sehen, wie sie wirklich ist, hängt mit Ihrem Stirnchakra zusammen. Bei diesem Chakra geht es darum, über das Alltägliche hinauszuwachsen und mehr in Kontakt mit den Schwingungen des Universums zu kommen. Ihrem Stirnchakra ist die Farbe Violett zugeordnet. Wenn Sie lernen, wirklich durch Ihr Stirnchakra zu sehen, dann werden Sie ein viel klareres, intuitiveres Bild von dem haben, was um Sie herum geschieht.

Menschen mit blockiertem Stirnchakra sind oft etwas beschränkt. Sie sind die Art von Menschen, die wirklich nicht über den Tellerrand hinausschauen können und es ständig versäumen, in jeder Situation das Gesamtbild zu betrachten. Sie vertrauen nicht auf ihre Intuition und sind sich dieser auch nicht wirklich bewusst. Stattdessen treffen sie Entscheidungen nur auf der Grundlage unmittelbarer Ergebnisse oder aufgrund von Informationen, die leicht verfügbar sind. Es gibt auch körperliche Symptome, die mit einer Blockade des Stirnchakras einhergehen. Seh- und Hörprobleme können ebenso auftreten wie chronische Kopfschmerzen oder Migräne. Menschen, die in der Lage sind, ihr Stirnchakra zu öffnen, werden die Welt so sehen, wie sie wirklich ist, und in der Lage sein, langfristigere, spirituell ausgerichtete Entscheidungen zu treffen.

Das Kronenchakra

Das Kronenchakra ist das obere Äquivalent des Wurzelchakras im Körper. Es ist der Scheitel des Kopfes oder der höchste Punkt des Nervensystems. Während das Wurzelchakra die Basis all Ihrer anderen Chakren darstellt und zu jedem von ihnen hinaufführt, stellt das Kronenchakra den Scheitelpunkt all Ihrer anderen Chakren dar und führt zu den anderen hinab. An sich steht es für Ihre Verbindung zu Ihrem Schicksal und Ihrer spirituellen Identität. Ihr Kronenchakra sollte Sie auf Ihrem Lebensweg leiten und dabei helfen, alle anderen Chakren in Einklang zu bringen. Die Chakren arbeiten symbiotisch und beeinflussen einander. Wenn also nicht alle anderen Chakren im Einklang sind, wird Ihr Kronenchakra wahrscheinlich leiden, so wie auch Ihre Lebenspläne und Ihr spiritueller Glaube leiden, wenn Sie in dem einen oder anderen Bereich Ihres Lebens Schwierigkeiten haben. Wenn Ihr Kronenchakra nicht vollständig ausgerichtet ist, werden Sie wahrscheinlich auch mit einigen Ihrer anderen Chakren Schwierigkeiten haben. Grundsätzlich kann das Kronenchakra ohne die anderen Chakren nicht richtig ausgerichtet werden und umgekehrt. Die dem Kronenchakra zugeordnete Farbe ist entweder Indigo oder Weiß, das für alle Farben zusammen steht.

Ein blockiertes Kronenchakra kann sich auf verschiedene Weise manifestieren. Normalerweise wirkt jemand mit einem falsch ausgerichteten Kronenchakra wie eine sehr rückständige oder sture Person. Diese Person hat kein klares Gefühl dafür, wohin sie im Leben gehen will, und gerät wahrscheinlich häufig auf Abwege, weil sie nicht in der Lage ist, sich mit ihrem Lebensziel zu verbinden. Oft verlieren sich solche Menschen am Ende selbst und vergeuden viel von ihrem Potenzial, weil sie nicht in der Lage sind, wirklich einzuschätzen, wer sie sind oder wohin sie im Leben gehen wollen. Sie haben vielleicht ein starkes Fundament, aber wenn sie es nicht richtig nutzen, werden sie viel von ihrem Potenzial vergeuden. Zu den körperlichen Symptomen eines blockierten Kronenchakras können chronische Ganzkörperschmerzen oder generelles Chaos im Körper gehören, da das gesamte Nervensystem betroffen ist. Wenn Sie Ihr Kronenchakra öffnen, werden Sie feststellen, dass Sie einen klaren Kurs einschlagen können und sich stark mit der spirituellen Welt jenseits unserer physischen Realität verbunden fühlen.

Wie man Heilsteine für die Chakren verwendet

Was hat das nun alles mit Heilsteinen zu tun? Nun, viele Heilsteinpraktiken orientieren sich am Chakrensystem, um die Bereiche des Körpers, die Heilung benötigen, besser zu unterteilen. Im letzten Abschnitt habe ich auf die Unterschiede zwischen einem blockierten und einem gelösten Chakra hingewiesen. Jetzt fragen Sie sich vielleicht, wie Sie diese falsch ausgerichteten oder blockierten Chakren wieder in Einklang bringen können. An dieser Stelle kommen Heilsteine ins Spiel. Heilsteine werden seit Jahrhunderten verwendet, um stärkere Verbindungen zwischen den Chakren zu schaffen und um Blockaden zu lösen. Traditionell ordnen Heilsteintherapeuten bestimmten Chakren verschiedene Edelsteine zu, um dem Patienten zu helfen, bestimmte Heilstein-Energien auf die entsprechenden Energien in seinem Körper auszurichten. Bestimmte Steine haben besondere Kräfte, die für einige Chakren nützlicher sind als für andere. Manchmal bedeutet dieser Prozess einfach, dass Sie bestimmte Heilsteine in Ihre Praxis einbauen, um

Ihre Chakren, die falsch ausgerichtet sind, anzusprechen. In anderen Fällen bedeutet dies, dass Sie mit diesen Steinen aktiv den Körperteil berühren, der dem jeweiligen Chakra entspricht. Sie könnten zum Beispiel eine Kette mit Heilsteinen tragen, wenn Ihre Praxis auf Ihr Hals-Chakra abzielt, oder an einer Chakra-Heilstein-Sitzung teilnehmen, bei der Steine so in verschiedenen Abständen entlang Ihres Rückens platziert werden, dass sie mit der Chakra-Hierarchie übereinstimmen. Mit diesen Methoden kombinieren Heiler das spirituelle Wissen über Heilsteine und Chakren miteinander, um Blockaden zu lösen und alle Aspekte Ihres Geistes und Körpers zu befreien.

Kapitel 4:
Heilsteine und Auren

Die dritte Facette der Steinheilkunde sind Auren. Neben dem Chi, der Energie Ihres Innersten, und den Chakren, Ihren sieben zentralen Energien, haben Sie auch eine äußere Aura aus Energie, die jederzeit um Ihren Körper herum schwingt. Diese Energiefelder sind in ständiger Bewegung um Ihren Körper herum und verändern und beeinflussen jede Ihrer Bewegungen. Das Konzept der Auren ist nicht neu. Es geht sogar auf die alten Griechen zurück und hat die gleiche griechische Wurzel wie das Wort „Brise". Daraus können wir ersehen, dass Auren von Anfang an etwas mit der Luft zu tun hatten, weil sie ständig fließen und ihre Form verändern. In diesem Kapitel werden wir uns mit den wesentlichen Qualitäten von Auren beschäftigen und damit, wie sie mit dem Konzept der Steinheilkunde interagieren können.

Aura-Farben

Ähnlich wie bei den Chakren, die alle eine entsprechende Farbe haben, werden auch Auren normalerweise durch die Farben verstanden. Menschen, die Auren lesen, ordnen der Aura einer Person normalerweise eine bestimmte Farbe zu, indem sie die Energie lesen. Dies geschieht nicht zufällig. Farben sind eigentlich Frequenzen, die sich je nach der Geschwindigkeit, mit der sie schwingen, verändern. Auf der Farbskala hat Violett die höchste Frequenz, während Rot die niedrigste Frequenz hat, dazwischen liegt der gesamte Farbverlauf des Regenbogens. Dem Wurzelchakra entspricht die Farbe Rot, die auf der entsprechenden Skala die niedrigste ist, und dem Kronenchakra entspricht die Farbe Indigo, die auf der Skala die Farbe mit der höchsten Frequenz ist. Wenn Sie die Farbaura eines Menschen lesen, nehmen Sie dessen Schwingungsebenen auf und ordnen ihm ein Energieniveau zu. Farben sind aber nicht nur Schwingungen. Neben den Chakra-Zuordnungen gibt es auch starke Assoziationen, die bestimmte Farben bei den meisten Menschen hervorrufen. Farben haben eine große Bedeutung, auch für Menschen, die überhaupt nichts über Chakren wissen. Wenn Sie erst einmal anfangen, die Farben und ihre Bedeutungen kennenzulernen, wird es Ihnen viel leichter fallen, bestimmte Farbassoziationen in Ihrem Leben zu erkennen.

Wie man Auren liest

Um Auren zu lesen, braucht es eine besondere Art von Mensch. Man braucht sowohl ein scharfes Auge als auch ein gutes Gespür für die jeweilige Person und ihr Wesen. Wenn Sie die Aura von jemandem lesen wollen, sollten Sie zuerst etwas Zeit mit der Person verbringen. Wenn Sie die Person besser kennen, kann sie ihren Schutz ablegen und ihre ganze Persönlichkeit zum Vorschein kommen lassen. Wenn sich die Person in diesem Zustand befindet, müssen Sie sich ganz genau auf die Linie zwischen ihr und der Wand hinter ihr konzentrieren. In diesem Bereich befindet sich die Aura. Wenn Sie ganz genau hinsehen, sollten Sie schwache Umrisse in einer bestimmten Farbe erkennen können, die um den Körper herum strahlen. Sie können auch Ihre eigene Aura lesen. Dazu müssen Sie Ihre Hand vor eine Wand halten oder sich vor einen Spiegel stellen. So sollten Sie in der Lage sein, Ihre Aura zu erkennen. Wenn Sie Ihre Aura oder die Aura einer anderen Person bestimmt haben, können Sie sie deuten.

Was bedeuten Auren?

Sie haben also Ihre Aura-Farbe herausgefunden, doch was bedeutet sie? Nun, es gibt mehrere Möglichkeiten, die Farbe Ihrer Aura zu interpretieren. Eine davon ist die Zuordnung der Aura-Farbe zu dem entsprechenden Chakra. Wenn Ihre Aura mit einem Chakra assoziiert ist, bedeutet das im Allgemeinen, dass dieses Chakra bei Ihnen gelöst ist. Es kann sogar bedeuten, dass Sie von diesem Chakra besonders beherrscht werden und Ihre grundlegende Persönlichkeit eng mit den Qualitäten dieses Chakras verbunden ist. Sie können sich das ähnlich wie Ihr Sternzeichen vorstellen, mit einer bestimmten Facette des Lebens, auf die Sie sich konzentrieren. Wenn Ihre Aura also rot ist, sind Sie wahrscheinlich ein sehr geerdeter Mensch, der für andere in Ihrem Leben ein Fels in der Brandung ist, mit einem starken Sinn für sich selbst und Ihre Ziele. Wenn Ihre Aura orange ist, sind Sie vielleicht ein besonders sexueller Mensch, der eine starke Vorliebe für Leidenschaft und Beziehungen hat. Menschen mit einer gelben Aura sind in der Regel ein Partylöwe und haben einen großen Freundeskreis. Menschen mit einer grünen Aura pflegen in ihrem Leben wahrscheinlich sehr enge intime Beziehungen und sind außergewöhnlich fürsorglich. Wenn Ihre Aura blau ist, könnte das bedeuten, dass Sie eine sehr verbale Person sind, die bemerkenswert gut kommunizieren kann und stolz auf ihre Sprachkenntnisse ist. Wenn Sie eine violette Aura haben, sind Sie höchstwahrscheinlich ein sehr spiritueller Mensch mit großer Weitsicht. Und wenn Sie eine indigofarbene Aura haben, sind Sie mit Sicherheit ein sehr im Einklang mit sich stehender Mensch, der in

Bezug auf die meisten Aspekte seines Lebens ein Gleichgewicht findet. Anhand all dieser Farben können wir sehen, dass farbige Auren einen starken Einfluss darauf haben können, wie Sie sich im Laufe Ihres Lebens verhalten und was Ihre grundlegende Persönlichkeit ausmacht.

Wie Heilsteine die Aura beeinflussen

Auf welche Weise können Heilsteine also mit Ihrer Aura interagieren? So wie bestimmte Steine entsprechenden Chakren zugeordnet werden, können sie auch mit entsprechenden Auren assoziiert werden. Sie können einen bestimmten Heilstein wählen, um die spezifische Aura zu heilen, mit der dieser Stein in Beziehung steht. Aber, so könnte man fragen, wenn Auren nur etwas sind, das Ihre Persönlichkeit und Ihre Werte beschreibt, ähnlich wie die Sternzeichen, was muss dann geheilt werden? Wir wissen, dass die Chakren aus dem Gleichgewicht geraten können, doch was kann mit den Auren geschehen? Nun, Auren haben ihre eigene Version der Fehlausrichtung, die als Risse im aurischen Feld bezeichnet werden. Risse in der Aura sind wie verwundbare Stellen, durch die negative Energie in den Körper eindringen kann. Wenn Sie einen Aurariss haben, dann leiden Sie vielleicht unter Angst, Depression oder allgemeiner Fehlausrichtung. Es könnte sein, dass die Dinge einfach nicht so laufen, wie Sie wollen. Hier kommen Heilsteine ins Spiel. Wenn Sie Schwierigkeiten in den Bereichen Ihres Lebens haben, die mit Ihrer Aura zusammenhängen, müssen Sie etwas dagegen tun. Sie können die Schwingungen verschiedener Heilsteine nutzen, um Ihre Aura wieder in den Zustand zu versetzen, in dem sie sich eigentlich befinden sollte. Auf diese Weise schaffen Sie eine Schutzschicht um Ihre Aura, die bestehende Risse darin heilt und zukünftigen Rissen vorbeugt. Auch hier sind Heilsteine dazu da, Ihre Energien auszurichten und zu zentrieren.

Säule 2:
Quellen

Wenn wir uns der zweiten Säule der Steinheilkunde zuwenden, kommen wir zu den Quellen. Wenn Sie planen, Edelsteine in Ihrer Heilpraxis zu verwenden, müssen Sie wissen, wie Sie diese bekommen. Nicht alle Bezugsquellen sind gleich, also müssen Sie ein wenig recherchieren, um sicherzustellen, dass Sie das richtige Produkt kaufen und sich nicht auf gefälschte oder minderwertige Steinen einlassen. In dieser Säule werden wir alle Aspekte der Beschaffung von Heilsteinen erwähnen und Ihnen dabei helfen, den besten Ort für den Kauf Ihrer Steine zu finden.

Kapitel 5:
Was man kaufen sollte

Der erste Schritt bei der Beschaffung von Heilsteinen besteht darin, herauszufinden, welche Steine Sie kaufen möchten. Die Welt der Steine ist so umfangreich und komplex, dass es wirklich schwer sein kann, zu wissen, wo man anfangen soll. Vielleicht haben Sie ein breit gefächertes Interesse an der Heilkraft von Steinen und auch spezifische Beschwerden, die Sie beheben möchten, sodass die Entscheidung für einen oder einige wenige Steine äußerst schwierig sein kann. Aus diesem Grund müssen Sie alle Informationen, die Sie über Steine und Steinheilkunde finden können, zusammensuchen, um genau die Steine zu bestimmen, die Sie brauchen. Bei der Entscheidung, welche Art von Steinen Sie kaufen sollten, gibt es einige Hauptfaktoren, die zu berücksichtigen sind. In diesem Kapitel gebe ich Ihnen einige konkrete Hinweise, wie Sie Heilsteine identifizieren und auswählen können.

Stein-Formen

In Kapitel 1 habe ich erklärt, dass Steine durch ihre Molekularstruktur definiert werden. Nun, es gibt tatsächlich mehrere verschiedene Molekularstrukturen, die Steine annehmen können, und jede steht für eine andere Qualität. Wenn Sie die Bedeutung dieser verschiedenen Molekularstrukturen verstehen, können Sie besser erkennen, welche Art von Heilsteinen Sie kaufen möchten. In der Welt der Heilsteine gibt es sieben Hauptformen, die alle ihre eigene, einzigartige Bedeutung haben.

1. Würfelsteine

Steine in Würfelform sind Heilsteine zum Erden. Ähnlich wie das Wurzelchakra helfen diese Heilsteine Ihnen, sich zu erden, und erinnern Sie daran, die einfachen, grundlegenden Dinge im Leben und ihre Bedeutung nicht zu vergessen.

2. Pyramidensteine

Wenn Sie Steine in Pyramidenform kaufen, besteht Ihre Intention darin, sich mit Ihren Wünschen zu verbinden. Diese Form steht in Resonanz mit dem Sakralchakra, das mit Leidenschaft und Lust zu tun hat. Das Manifestieren mittels Pyramidensteinen wird Ihnen helfen, mit den Dingen in Kontakt zu bleiben, die Sie wirklich wollen.

3. Kugelsteine

Kugelsteine ähneln einem Planeten oder einem Globus und stehen in Resonanz mit ihrem Zweck, Sie mit der Welt als Ganzes zu verbinden. Diese Heilsteine können dazu beitragen, Ihr Leben in die richtige Perspektive zu rücken, indem sie Sie an die größeren Kräfte erinnern, die im Universum wirken.

4. Trommelsteine

Sie sind die kleinste Art von Heilstein und ähneln in ihrer Größe und Form einem Kieselstein. Mit diesen Steinen in Reisegröße können Sie die Heilstein-Energie überall spüren, wo Sie hingehen. Sie können auch zu Schmuck verarbeitet werden, sodass Sie immer einen Stein zum Schutz auf Ihrer Haut tragen.

5. Spitz zulaufende Steine

Diese Steine fokussieren sich auf … nun ja, den Fokus! Wenn Sie ein ganz bestimmtes Ziel oder Problem haben, dann ist das Manifestieren mit spitz zulaufenden Heilsteinen eine ausgezeichnete Idee. Sie werden in der Lage sein, sich ganz auf Ihre Aufgabe zu konzentrieren und die Energie auf eine ganz bestimmte Weise zu kanalisieren.

6. Herzsteine

Steine kommen zwar nicht von Natur aus in Herzform vor, aber sie können in dieser Form geschliffen werden, um ihre allgemeine Bedeutung zu verstärken. Die Verwendung eines herzförmigen Heilsteins soll Ihr Herzchakra ansprechen und Ihnen helfen, sich mit anderen Menschen zu verbinden und Ihr Mitgefühl zu zeigen.

7. Clustersteine

Bei der Verwendung eines Clustersteins geht es um Einheit und Verbindung. Ähnlich wie das Kronenchakra steht der Clusterstein über allen anderen Steinen und hilft diesen Steinen, sich miteinander zu verbinden und ein zusammenhängendes Heilungsmuster zu bilden.

Einen Stein auswählen

Der nächste Schritt besteht darin, dass Sie entscheiden müssen, welche Art von Stein Sie wählen möchten. In Kapitel 17 werde ich eine genauere Auswahl von Steinen auflisten; hier werde ich hingegen einige wichtige Faktoren skizzieren, die Sie bei der Auswahl eines Heilsteins berücksichtigen sollten. Zuallererst sollten Sie sich über Ihre Absichten in Bezug auf Ihre Heilsteine im Klaren sein. Wenn Sie nicht von vornherein klarstellen, was Sie sich von Ihrer Reise in die Welt der Heilsteine erhoffen, werden Sie sich mehr verirren als nötig. Wenn Sie sich von Anfang an darüber im Klaren sind, wobei Ihre Heilsteine Sie unterstützen sollen, hilft Ihnen das bei der anfänglichen Eingrenzung. Der zweite Schritt bei der Auswahl eines Heilsteins besteht darin, etwas über sich selbst zu erfahren. Wir haben bereits über Steine und Auren gesprochen, um Ihnen bei der Auswahl eines Heilsteins zu helfen, der besonders gut zu Ihrer Aura passt, aber vielleicht möchten Sie auch Ihr Sternzeichen in die Überlegungen miteinbeziehen. Wie ich bereits im Abschnitt über die Geschichte der Heilsteine erwähnt habe, wurden in der europäischen Steinheilkunde traditionell die Sternzeichen der Menschen mit den Heilsteinen in Verbindung gebracht. Werfen Sie einen Blick auf Ihr Geburtshoroskop und erstellen Sie eine Liste von Steinen, die einigen Ihrer Hauptzeichen entsprechen, insbesondere Ihrem Sonnen- und Mondzeichen sowie Ihrem Aszendenten. Auf diese Weise erhalten Sie eine endgültige Vorstellung Ihrer Absichten bezüglich der Heilsteine und eine Liste denjenigen, die Ihnen auf Ihrem persönlichen Weg besonders helfen werden. Und wenn Sie diese Liste erstellt haben, können Sie einfach die Steine auswählen, zu denen Sie sich hingezogen fühlen. Farben oder Formen, die Sie anziehen, könnten darauf hindeuten, dass Ihr Unterbewusstsein nach diesen Heilstein-Eigenschaften in Ihrem Leben sucht. Wie bei den meisten spirituellen Praktiken bildet die Intuition den Kern Ihrer Heilsteinpraxis.

Kapitel 6:
Bezugsquellen

Sobald Sie sich entschieden haben, welche Steine oder welche Arten von Steinen Sie kaufen möchten, müssen Sie sich auf die Suche nach Bezugsquellen machen. Dies kann eine ebenso verwirrende Aufgabe sein wie die Auswahl der Steine selbst. Mit dem jüngsten Aufschwung in der Beliebtheit von Heilsteinen scheint es, als würden überall Edelsteinläden auftauchen, sowohl online als auch vor Ort. Für jemanden, der sich mit Steinen beschäftigen möchte, kann die Auswahl überwältigend sein. Vielleicht haben Sie das Gefühl, dass es einfach zu viel Angebot gibt, als dass Sie eine fundierte Entscheidung treffen könnten. Glücklicherweise werde ich Ihnen in diesem Kapitel einige Hinweise zu den wichtigsten Quellen geben, über die die Menschen ihre Heilsteine beziehen, sowie einen hilfreichen Leitfaden, um zu erkennen, welche Steine echt sind und welche nicht. Am Ende dieses Kapitels sollten Sie wissen, wo Sie Ihre Steine kaufen können.

Persönlich einkaufen

Wenn Sie an den Kauf von Heilsteinen denken, fällt Ihnen wahrscheinlich als Erstes der Gang in ein Geschäft ein. Wahrscheinlich stellten Sie sich eine lange Reihe von Kisten mit funkelnden Steinen vor, von denen jeder einzelne eine verborgene Kraft ausstrahlt. Tatsächlich gibt es jedoch viele verschiedene Möglichkeiten, Steine persönlich zu kaufen. In diesem Abschnitt werden wir uns die verschiedenen Aspekte des persönlichen Kaufs von Heilsteinen sowie die Vor- und Nachteile einer solchen Vorgehensweise ansehen.

Möglichkeiten, um Heilsteine persönlich zu kaufen

Wie Sie sich vorstellen können, gibt es viele Möglichkeiten, Ihre Steine persönlich zu kaufen. Vielleicht sind Sie in Ihrem Leben sogar schon einigen dieser Quellen begegnet. Im Folgenden werden wir uns einige der gängigsten Arten von Edelsteinhändlern und ihre Qualitäten ansehen.

Esoterikläden

Oft werden Heilsteine zusammen mit anderen okkulten oder spirituellen Waren in einem allgemeinen esoterischen Geschäft verkauft. Diese Läden sind gut, weil sie eine große Auswahl an anderen spirituellen Artikeln anbieten und im Allgemeinen weiter verbreitet sind als reine Edelsteingeschäfte. Je nach Größe des Ladens kann es jedoch sein, dass die Auswahl an Steinen geringer ist und das Personal weniger gut über Steinheilkunde Bescheid weiß.

Heilsteinläden

Manchmal trifft man auf ein Geschäft, das nur Heilsteine verkauft. Diese sind weit weniger verbreitet und im Allgemeinen nur in größeren Städten zu finden. Sie sind jedoch eine der besseren Optionen, da sie in der Regel eine ausgezeichnete Auswahl an verschiedenen Arten und Schliffen von Heilsteinen sowie ein sehr sachkundiges Personal haben.

Selbstständige Verkäufer oder Marktverkäufer

Gelegentlich richten unabhängige Verkäufer vorübergehend Stände auf Märkten ein oder betreiben neben ihrer Tätigkeit als Hellseher oder Tarotleser ein Heilsteingeschäft. Diese Leute sind oft erfolgreicher als feste Stein- und Esoterikgeschäfte. Einerseits kann es sein, dass Sie jemanden finden, der äußerst sachkundig und leidenschaftlich ist und der andere übersinnliche Fähigkeiten einsetzen kann, um persönlich die richtigen Heilsteine für Ihre Lebenssituation zu finden. Andererseits besteht hier auch mehr Raum für Unehrlichkeit, d. h., es besteht ein höheres Risiko, dass Ihnen gefälschte Steine verkauft werden, dass Ihnen zu viel berechnet wird oder dass Sie möglicherweise sogar betrogen werden. Wenn Sie sich für einen unabhängigen Verkäufer entscheiden, stellen Sie sicher, dass er vertrauenswürdig ist.

Die Vor- und Nachteile des persönlichen Kaufs

Natürlich gibt es sowohl Vorteile als auch Nachteile, wenn Sie Heilsteine persönlich kaufen. Auf Ihrer Reise durch die Welt der Heilsteine werden Sie allmählich herausfinden, was Sie bevorzugen. Hier werden wir einige der Vor- und Nachteile des persönlichen Steinkaufs untersuchen.

Die Vorteile des persönlichen Kaufs

Der offensichtlichste Vorteil des persönlichen Kaufs ist, dass Sie Ihre Steine vor dem Kauf in die Hand nehmen können. Wenn der Ladenbesitzer es Ihnen erlaubt, können Sie die Steine, die Sie kaufen möchten, berühren und ertasten. Auf diese Weise bekommen Sie ein besseres Gefühl für die Schwingungen des jeweiligen Steins. Der intuitive Aspekt des Steinkaufs, den ich am Ende von Kapitel 5 erwähnt habe, lässt sich in einem Geschäft, in dem Sie persönlich anwesend sind, viel leichter umsetzen. Sie werden vielleicht feststellen, dass Sie sich zu einem Stein hingezogen fühlen, von dem Sie es nicht erwartet hätten, weil Sie ihn direkt persönlich sehen und anfassen konnten. Außerdem können Sie sich mit dem Besitzer oder dem Personal besser austauschen und, sofern sie sachkundig sind, Ihr Vorhaben in Bezug auf den Einsatz von Heilsteinen mit ihnen besprechen. Alles in allem bietet Ihnen der Kauf im stationären Handel eine persönlichere, intimere Erfahrung mit Ihren Heilsteinen, bevor Sie sie kaufen.

Die Nachteile des persönlichen Kaufs

Der größte Nachteil des persönlichen Kaufs von Steinen ist die Verfügbarkeit und Auswahl. Nicht jeder lebt in einer großen Stadt, in der es eine große Auswahl an Edelsteingeschäften gibt. Es kann sein, dass Sie auf einen kleinen Laden beschränkt sind, der eine sehr begrenzte Auswahl hat. Bei Marktständen und unabhängigen Verkäufern können Sie auf das Problem der mangelnden Verantwortlichkeit stoßen. Wenn Sie bei einem Händler einen Stein kaufen, der sich als Fälschung herausstellt, haben Sie niemanden, der Ihnen das Geld zurückerstatten kann, wenn sich der Händler nicht mehr in unmittelbarer Reichweite befindet. Achten Sie darauf, dass Sie die Visitenkarte oder die Kontaktinformationen des Händlers aufbewahren, bei dem Sie kaufen. Alles in allem sollten Sie, wenn Sie bereit sind, in ein größeres Steingeschäft zu fahren, zumindest einen Teil Ihrer Heilsteinkäufe persönlich erledigen, allein schon wegen der physischen Verbindung zu den Steinen.

Online einkaufen

Wenn Sie an einem abgelegenen Ort leben oder das Reisen für Sie schwierig ist, sollten Sie sich überlegen, Heilsteine online zu kaufen. Ein großer Teil des jüngsten Anstiegs der Beliebtheit von Heilsteinen hat online stattgefunden, sodass Sie feststellen werden, dass es eine riesige Auswahl an Optionen für den Kauf Ihrer Steine über einen Onlineservice gibt. Wahrscheinlich sind Sie in den sozialen Medien bereits einigen Steinhändlern begegnet, die möglicherweise zu bestimmten Geschäften gehören, sodass Ihnen das Online-Heilsteingeschäft nicht fremd ist. In diesem Abschnitt werde ich Ihnen einige wichtige Hinweise geben, wie Sie Heilsteine online kaufen können.

Die Onlinequellen für Heilsteine

Wie bei den Geschäften und Händlern vor Ort gibt es auch online viele verschiedene Möglichkeiten, Heilsteine zu kaufen. Viele verschiedene Menschen und Unternehmen verkaufen Steine online, von unabhängigen Heilstein-Therapeuten bis hin zu großen Konzernen wie Amazon. Sie werden online sicherlich keinen Mangel an Heilsteinen finden, weshalb es etwas überwältigend sein kann, zu entscheiden, wo Sie nach ihnen suchen sollten. Im Folgenden geben wir Ihnen einen Überblick über die drei gängigsten Arten von Onlineshops für Heilsteine, um Ihnen die Entscheidung zu erleichtern, wo Sie Ihre Heilsteinsammlung beginnen möchten.

Größere Online-Einzelhändler

Da Heilsteine in letzter Zeit einen so großen Aufschwung erlebt haben, haben viele größere Einzelhändler begonnen, sie zu verkaufen. Auf bestimmten Websites von führenden Einzelhändlern wie Amazon, AliExpress und Shein finden Sie sicherlich eine große Auswahl an Heilsteinen. Diese größeren Unternehmen bieten vielleicht keinen persönlichen Kontakt, aber das machen sie durch den Preis wieder wett. Auf diesen Websites finden Sie in der Regel die niedrigsten Preise für Edelsteine. Wenn Sie also ein Nutzer von Heilsteinen mit kleinem Budget sind, sollten Sie sich vielleicht an diese Websites wenden. Für diejenigen, die sich zum ersten Mal mit Heilsteinen befassen, bieten diese Websites jedoch nur wenig Orientierungshilfe, sodass Sie sich möglicherweise überfordert fühlen. Große Einzelhändler sind ideal für diejenigen, die bereits genau wissen, was sie wollen, und nach dem niedrigsten Preis suchen.

Online-Steinläden

Onlineshops, die sich speziell dem Verkauf von Steinen widmen, stehen eine Stufe unter den großen Online-Einzelhändlern. Diese Shops werden in der Regel von Heilsteintherapeuten oder -enthusiasten betrieben und bieten daher viel mehr Orientierung dazu, welche Art von Steinen Sie kaufen sollten. Manche Shops beinhalten sogar Blogs, in denen die komplexen Bedeutungen der einzelnen Steine erklärt werden. Viele Edelstein-Onlineshops sind immer noch groß genug, um eine große Auswahl zu bieten, und haben vielleicht sogar eine größere Auswahl als die großen Onlineversandhändler, die nur die beliebtesten Steine führen. Wenn Sie also nach selteneren Steinen oder nach ein wenig mehr Beratung zu den Heilsteinen, die Sie kaufen möchten, suchen, sollten Sie sich an spezialisierte Edelstein-Online-shops wenden.

Influencer im Sektor Spiritualität

Die meisten unabhängigen Verkäufer, die Sie online finden werden – als virtuelles Äquivalent zum Marktstand – sind Heilstein-Influen-cer in den sozialen Medien. Viele dieser Personen betreiben Blogs, Instagram-Seiten oder TikTok-Konten, die sich mit Heilsteinen be-schäftigen. Wenn Sie von diesen Personen etwas über Steine erfahren haben, könnte das für Sie ein Anreiz sein, bei ihnen zu kaufen. Viele dieser Influencer bieten einen individuell abgestimmten Kontakt mit Heilsteinen. Je nachdem, wie beliebt und beschäftigt sie sind, chatten sie vielleicht sogar persönlich mit Ihnen, um Ihren Heilsteinbedarf zu besprechen. Einige verkaufen über ihre eigene Website, andere über größere Plattformen wie Etsy. Achten Sie jedoch auf die gleichen Gefahren wie bei unabhängigen Einzelhändlern und stellen Sie sicher, dass Sie die richtigen Kontaktinformationen erhalten, bevor Sie bei einem unabhängigen Onlinehändler kaufen, um Betrug zu vermeiden. Wenn Ihnen etwas verdächtig vorkommt, ist es am besten, es zu unterlassen.

Die Vor- und Nachteile des Onlinekaufs

Wie Sie sehen, gibt es viele Gründe, Ihre Steine online zu kaufen, aber es gibt auch dabei Dinge, über die Sie Bescheid wissen und auf die Sie achten müssen. Im Folgenden werden wir die positiven und negativen Aspekte des Heilsteinkaufs online beleuchten.

Die Vorteile des Onlinekaufs

Ein großer Vorteil des Onlineshoppings ist die Verfügbarkeit. Sie sind nicht mehr durch die Möglichkeiten in Ihrem örtlichen Edelsteingeschäft eingeschränkt oder müssen in weit entfernte Städte fahren, um die gewünschten Heilsteine zu finden. Wenn Sie nach etwas Ausgefallenem suchen, können Sie darauf wetten, dass Sie es online schneller finden als vor Ort. Der Online-Einkauf kann auch den Zwischenhändler umgehen. Sie wissen nicht immer, woher die Edelsteinhändler vor Ort ihre Steine beziehen, vor allem nicht bei den unabhängigen Händlern. Vielleicht ist es ja ein Onlinegeschäft! Der Onlinekauf ist auch aus diesem Grund oft billiger, da die Händler keine Miete für ein Ladenlokal oder Personal für die Arbeit dort bezahlen müssen. Wer also ein bisschen Geld und Zeit sparen und gleichzeitig eine viel größere Auswahl an Steinen haben möchte, für den ist der Onlinekauf wahrscheinlich die beste Option.

Die Nachteile des Onlinekaufs

Das größte Manko des Onlineshoppings war schon immer, dass man vor dem Kauf keine Gewissheit über das Produkt hat. Das ist normalerweise ein großes Problem bei Dingen wie Kleidung, bei der man keine Garantie hat, dass sie passt, und es kann ein ebenso großes Problem bei Heilsteinen sein. Wenn Sie einen Stein in der Hand halten, ist das der einzige sichere Weg, um zu wissen, ob Sie eine Verbindung zu ihm knüpfen können. Selbst wenn Sie alle möglichen Nachforschungen anstellen, fehlt Ihnen beim Onlineshopping immer dieser physische Aspekt. Vielleicht führt es auch dazu, dass Sie eine persönliche Beratung verpassen. Abgesehen von bestimmten Heilstein-Influencern gibt es online nicht wirklich viel persönliche Hilfe. Wenn Sie eher ein Anfänger sind, der mit jemandem über seine Anforderungen bezüglich der Heilsteine sprechen möchte, dann wird Ihnen dies online sicherlich fehlen. Alles in allem ist die Online-Option eher für fortgeschrittene Anwender der Steinheilkunde zu empfehlen, da Anfänger mehr Anleitung benötigen, als viele Onlineplattformen bieten können.

Wie man die Echtheit von Steinen identifiziert

Wie ich schon ein paar Mal erwähnt habe, besteht das Risiko, dass Ihnen jemand gefälschte oder minderwertige Steine verkauft. Vor allem, wenn Sie ein Anfänger auf Ihrer Reise in die Welt der Heilsteine sind, könnte es Ihnen schwerfallen, zu unterscheiden, was echt und was gefälscht ist. Und da Sie beabsichtigen, die sehr reale Kraft echter Steine zu nutzen, möchten Sie nicht an etwas Gefälschtes geraten. Gefälschte Heilsteine, die nicht die gleichen chemischen Eigenschaften wie echte Heilsteine haben, funktionieren einfach nicht. Wenn Sie versuchen, mit gefälschten Steinen zu heilen, werden Sie keine Ergebnisse erzielen und sich möglicherweise von der Steinheilkunde insgesamt enttäuscht fühlen. Hier werden wir einige Aspekte der Steinfälschung besprechen und was Sie tun können, um sich davor zu schützen.

Was ist ein gefälschter Stein?

Was ist also der Unterschied zwischen einem echten und einem gefälschten Stein? Nun, es kommt auf die chemische Zusammensetzung an. Echte Heilsteine stammen nämlich immer aus der Erde. Sie sind natürlich entstandene Substanzen, die irdische Schwingungen und Energie absorbieren. Manche Verkäufer bieten jedoch Steine an, die nicht auf natürliche Weise in der Erde entstanden sind, sondern von Menschenhand hergestellt wurden. Dabei kann es sich um ein manipuliertes Gestein handeln, das gefärbt oder so geformt wurde, dass es wie ein Edelstein aussieht, oder um eine völlig künstliche Substanz wie Glasfaser, die künstlich so geformt wurde, dass sie einem echten Stein ähnelt. Diese Produkte sind einfach keine Heilsteine und funktionieren nicht auf dieselbe Weise. Der Versuch, sie als echte Steine auszugeben, ist falsch und schadet der Gemeinschaft der Steinheilkunde sehr. Leider sind diese Dinge trotzdem im Umlauf, sodass man sich vor ihnen in Acht nehmen muss.

Warnzeichen für gefälschte Steine

Zum Glück gibt es einige klare Anzeichen dafür, dass ein Stein nicht echt ist. Die meisten Heilsteintherapeuten haben ein scharfes Auge dafür, wie ein Heilstein aussehen sollte, aber für einen Anfänger kann es wirklich schwierig sein. In diesem Abschnitt beschreibe ich einige eindeutige Warnsignale, die Ihnen helfen, Steine zu erkennen, die möglicherweise nicht echt sind.

Warnzeichen Nr. 1: Zwielichtige Verkaufspraktiken

Gleich zu Beginn sollten Sie die vermeintliche Ehrlichkeit des Verkäufers bewerten. Unehrlichkeit kann auf jeder Ebene vorkommen, vom Straßenverkäufer bis zur großen Einzelhandelskette. Aus diesem Grund können Sie nicht immer nach dem äußeren Erscheinungsbild urteilen, sondern sollten sich an der Art und Weise orientieren, wie das Produkt verkauft wird. Gibt es klare Hinweise darauf, woraus der Stein besteht? Scheint es fabrikgefertigt oder in Massenproduktion hergestellt zu sein? Wird er Ihnen mit sehr vagen Informationen oder in großer Eile aufgedrängt? All diese Dinge können auf ein zwielichtiges Heilsteingeschäft hinweisen, das nicht die echte Ware verkauft. Egal, ob Sie online oder vor Ort kaufen, Sie müssen ein wachsames Auge auf diese Scharlatane haben.

Warnzeichen Nr. 2: Seltsame Namen

Einer der häufigsten Indikatoren für einen gefälschten Stein besteht darin, dass er einen seltsamen oder falsch klingenden Namen trägt. Alle Steine haben offizielle geologische Namen wie Amethyst, Quarz, Jade und so weiter. Wenn Sie Heilsteine kaufen, werden sie normalerweise einfach mit diesen Namen bezeichnet. Aus irgendeinem Grund fügen jedoch viele Verkäufer von gefälschten Steinen diesen bestehenden geologischen Namen Beschreibungen hinzu und nennen sie „Sonnenuntergangs-Quarz" oder „Sternennacht-Amethyst". In Wirklichkeit handelt es sich dabei oft um gefärbten Quarz (der kein echter Edelstein ist) oder sogar nur um Glas. Seriöse Steinverkäufer haben es nicht nötig, diese skurrilen oder mystisch klingenden Namen zu verwenden, weil sie ihrem Produkt und ihren Kunden genug vertrauen, um selbst ehrlich und authentisch zu sein. Auch wenn es cool klingen mag, sind diese Steine mit den seltsamen Namen oft gefälscht.

Warnzeichen Nr. 3: Zu perfektes Aussehen

Echte Heilsteine kommen aus dem Boden und haben daher eine unregelmäßige Färbung und Form. Wenn Sie sich einen echten Marmorfußboden ansehen, können Sie sehen, dass die Linien im Marmor natürlich geformt sind. Das Gleiche gilt für echtes Holz, das durchweg organisch anmutende Linien aufweist. Auch Edelsteine weisen diese Art von Mustern auf. Gefälschte Steine hingegen weisen oft regelmäßigere Muster auf, da sie von Menschenhand hergestellt wurden und nicht in der Erde entstanden sind. Auch wenn der Hersteller versucht, die Form natürlich aussehen zu lassen, sind die meisten Menschen in der Lage, dies recht schnell zu durchschauen. Schauen Sie sich die Form und den Aufbau des Steins genau an und beurteilen Sie selbst, ob er so aussieht, als könnte er aus dem Boden stammen. Wenn dies nicht der Fall ist, handelt es sich möglicherweise um einen gefälschten Stein.

Kapitel 7:
Vogel-Kristalle

In der Welt der Steine gibt es vor allem einen Innovator, der sich von den anderen abhebt. Sein Name war Marcel Vogel, und er war einer der bahnbrechenden Heilsteinwissenschaftler des 20. Jahrhunderts. Vogel arbeitete für IBM und entwickelte wissenschaftliche Grundlagen für Produkte wie quarzbetriebene Computer und Uhren. Er verfasste auch einige der wichtigsten Schriften über Heilsteine und ihre richtige Nutzung. Eine seiner einflussreichsten Entdeckungen war eine besondere Art, Edelsteine zu schleifen, um ihre Kraft so effizient wie möglich zu nutzen. Diese nach Vogels Forschungen geschliffenen Steine werden als Vogel-Kristalle bezeichnet und gelten als einer der hochwertigsten Edelsteinschliffe der Welt. In diesem Kapitel werden wir verschiedene Aspekte des Vogel-Kristalls erforschen und herausfinden, was seine Methode, Steine zu schleifen, zu einer der besten macht, und wie Sie selbst einen Vogel-Kristall finden und identifizieren können!

Wie funktionieren Vogel-Kristalle?

Zunächst einmal bestehen alle Vogel-Kristalle aus Quarz. Sie werden nicht wirklich einen Vogel-Kristall aus einem anderen Material finden. Das liegt daran, dass Quarz eines der reinsten Minerale ist und daher die Fähigkeit hat, Energien effektiver als andere zu leiten. Was die Form betrifft, so ist der Vogel-Kristall auf eine ganz bestimmte Weise geschliffen, mit einer Spitze an beiden Enden. Die Idee dabei ist, dass ein Ende als Empfangsöffnung und das andere als Sendeantenne dient. Man kann sich das so vorstellen wie die Kopfhörer und das Mikrofon an einem Headset, mit einem Ende für den Eingang und einem für den Ausgang. Der Gedanke dahinter ist, dass dieser Schliff die natürlichen Schwingungen des Steins optimal nutzt und dieser somit die Fähigkeit hat, Energie viel effizienter zu übertragen. Dieser Schliff wird auch für technische Zwecke verwendet, da er die Schwingungen des Quarzes sehr effizient in die Batterie eines Computers oder einer Uhr leiten kann. Natürlich können Sie auch mit anderen Quarzsteinen wirksame Ergebnisse erzielen, aber dieser Schliff gilt als die Krönung der Heilstein-Erfindungen. Aus diesen Gründen entscheiden sich viele Heilsteinkundige für Vogel-Kristalle, um sicherzustellen, dass sie die Steinheilkunde in vollem Umfang praktizieren.

Wie man einen Vogel-Kristall identifiziert

In Anbetracht dieser Eigenschaften des Vogel-Kristalls sind Sie wahrscheinlich neugierig darauf, wie Sie feststellen können, ob ein Stein ein Vogel-Kristall ist. Hier werde ich Ihnen die grundlegenden Kriterien für einen Vogel-Kristall nennen:

1. Natürlicher Quarz

Damit ein Stein als Vogel-Kristall gilt, muss es ein natürlich vorkommender Stein sein. Man kann keinen Vogel-Kristall ohne völlig natürlichen Quarz herstellen, weil die Schwingungen einfach nicht funktionieren würden.

2. Doppelendig

Doppelender ist der technische Name für die Form des Vogel-Kristalls, der an beiden Enden spitz zuläuft. Außerdem muss der Stein auf diese Weise geformt sein, und zwar mit genau den richtigen Maßen, die das Vogel-Design vorgibt. Sie sollten darauf achten, dass der Stein von einem zertifizierten Schleifer stammt, damit Sie sicher sein können, dass Sie genau die richtige Form erhalten.

3. C-Achsen-Schliff

Alle Quarze haben eine „C-Achse", die die natürliche Molekularstruktur des Steins darstellt. Sie können sich das wie die Maserung von Holz vorstellen. Ihre Steine sollten entlang der Maserung und nicht gegen sie geschliffen werden, damit sie so glatt wie möglich sind und die Energie mit maximaler Effizienz leiten können. Vogel-Kristalle sollten also entlang dieser Achse geschliffen werden.

4. Empfangsende mit 51-Grad-Winkel

Das Empfangsende des Steins, das manchmal auch als „weibliches Ende" bezeichnet wird, muss in einem Winkel von 51 Grad geschliffen werden. Dies ist ein Verweis auf die Dimensionen der Großen Pyramide von Gizeh, die dem Stein mehr Kraft verleiht. Die Verbindung mit einem der wichtigsten Monumente der antiken Welt hilft, die spirituelle Energie des Steins zu zentrieren.

5. Sender-Ende mit einem Winkel von weniger als 51 Grad

Ihr Sender-Ende, das manchmal auch als „männliches Ende" bezeichnet wird, muss einen spitzeren Winkel haben als das

Empfangsende. Der Sinn dessen ist, die Energie zu verfeinern, wenn sie durch den Stein fließt. Wenn der Empfänger breiter ist als der Sender, arbeitet der Stein daran, die durch ihn fließende Energie zu bündeln und so einen genaueren Kanal zu schaffen.

6. Vier oder mehr Seitenflächen

Ein weiteres wesentliches Merkmal eines Vogel-Kristalls ist die Anzahl der Seiten, die er hat. Ihr Stein muss mindestens vier Seiten haben, um als echter Vogel-Kristall zu gelten.

Wie lassen sich Vogel-Kristalle verwenden?

Vogel-Kristalle sind sehr nützlich, um Energie zu fokussieren. Viele Menschen gehen mit einem sehr unkonzentrierten Geist an die Steinheilkunde heran. Sie sind auf der Suche nach dem Sinn und Zweck ihres Lebens und möchten daher einen Fokus für ihre Gedanken und Ziele finden. Die Einbeziehung eines Vogel-Kristalls in Ihre Praxis ist eine ausgezeichnete Möglichkeit, Ihrem Leben einen zusätzlichen, gesteigerten Fokus zu verleihen. Eine gute Möglichkeit, Vogel-Kristalle zu verwenden, besteht darin, sich ihnen mit einer Frage zu nähern, die Sie quält, oder mit einem Problem, um das Ihre Gedanken kreisen. Der Vogel-Kristall wird Ihnen helfen, Klarheit über chaotischen Situationen zu gewinnen und Ihnen die Richtung zu weisen, in die Sie im Leben gehen sollten.

Säule 3:
Ziele

Wie Sie wahrscheinlich aus den vorangegangenen Kapiteln ersehen können, gibt es viele Möglichkeiten, wie Sie Heilsteine einsetzen können. Sie alle sind wichtig und geben Ihnen die Möglichkeit, Heilsteine tiefer in Ihr Leben und Ihre Praxis zu integrieren. Diese anderen Verwendungsmöglichkeiten werden Ihnen helfen, die Steinheilkunde zwangloser und häufiger zu praktizieren. Sie ermöglichen es Ihnen, Heilsteine zu einem Teil Ihres täglichen Lebens zu machen, nicht nur zu Ihrer speziellen Praxis. In dieser Säule werden wir uns drei verschiedene Möglichkeiten ansehen, wie Sie Heilsteine verwenden können. Die erste Möglichkeit ist, Ihr Haus mit Steinen zu dekorieren. Die zweite Möglichkeit ist, Steine am Körper zu tragen, damit deren Kräfte immer bei Ihnen sind. Und die dritte Möglichkeit besteht darin, Steine in Ihre bestehende Meditationspraxis einzubeziehen. Anhand dieser drei Methoden können Sie sehen, dass es mehr ganzheitliche und vielfältige Möglichkeiten gibt, Ihre Heilsteine zu verwenden.

Kapitel 8:
Dekoration

Wer liebt nicht die Vorstellung von schönen Steinen überall in seinem Haus? Die Einbindung von Edelsteinen in die Einrichtung Ihres Hauses ist eine der interessantesten Möglichkeiten, Energiefluss in Ihr tägliches Leben zu bringen. Heilsteine im Haus zu haben, kann Ihnen helfen, Ihre Energien den ganzen Tag über neu auszurichten, ohne dass Sie eine aktive Heilsteinpraxis ausüben müssen. Sie können ein Gefühl von Frieden und Ausgeglichenheit in Ihre Räume bringen und Ihr Zuhause mit den Heilkräften von Edelsteinen füllen. Als netter Bonus verleihen sie Ihren Räumlichkeiten auch eine tolle Ästhetik als Dekoration! Viele Heilsteinpraktiker integrieren Steine aus diesen Gründen in ihre Wohnungseinrichtung.

Eines der wichtigsten Dinge, die bei der Dekoration mit Steinen zu beachten sind, ist die Kompatibilität zwischen den Eigenschaften des entsprechenden Heilsteins und den Verwendungszwecken des jeweiligen Raums. Jeder Raum in Ihrem Haus hat einen bestimmten Zweck und damit ein bestimmtes Energieprofil, das Sie beachten sollten. Die spezifischen Verwendungszwecke der Räume, die man mit Steinen dekorieren möchte, nicht zu berücksichtigen, ist einer der größten Fehler, die man machen kann. Sagen wir einfach: Sie sollten keine Steine mit hoher Energie im Schlafzimmer oder Heilsteine mit entspannenden Effekten in Ihrem Büro aufstellen. Wenn Sie Ihr Haus mit Steinen dekorieren, ist die Art und Weise, auf die jeder Raum genutzt wird, von größter Bedeutung. In diesem Kapitel führe ich Sie durch Ihre Wohnräume und zeige Ihnen, welche Arten von Steinen in bestimmten Räumen am besten funktionieren.

Außenbereich

Der erste Teil dieses Kapitels befasst sich nicht mit dem Inneren Ihres Hauses, sondern mit dem Raum um Ihr Haus herum. Es mag nicht so aussehen, aber Ihr Außenbereich bietet viele Verwendungsmöglichkeiten für Heilsteine. Da Außenbereiche bei jedem Haus anders aussehen, sollten Sie genau darüber nachdenken, wie Ihr Außenbereich aussieht und wie Sie ihn nutzen. Egal, ob Sie einen kleinen Balkon oder einen großen Garten haben, es gibt viele verschiedene Möglichkeiten, Zeit im Freien zu verbringen. Vielleicht haben Sie draußen einen eigenen Essbereich, in dem Sie gerne Gäste bewirten und Dinnerpartys veranstalten, oder Sie haben eine gemütliche Hängematte an einem schattigen Plätzchen, wo Sie gerne lesen. Vielleicht haben Sie sogar Platz, um Sport zu treiben oder Ihre Morgengymnastik zu machen. Die Entscheidung, welche Art von Energie Sie fördern möchten, hängt von den spezifischen Verwendungszwecken Ihres Außenbereichs ab. In diesem Abschnitt werde ich Ihnen einige Überlegungen zur Gestaltung von Außenbereichen mit Heilsteinen vorstellen.

Welche Steine Sie verwenden können

Wie ich bereits sagte, hängt die Art der Steine, die Sie für Ihren Außenbereich wählen, stark davon ab, welche Art von Außenbereich Sie haben. Für Ess- und Unterhaltungsbereiche im Freien sollten Sie Steine verwenden, die Beziehungen und Freude fördern. Gemeinsam mit anderen zu essen, ist eine der kraftvollsten Arten, sich mit Menschen zu verbinden. Gibt es einen besseren Weg, diese Energie der zwischenmenschlichen Beziehungen zu verstärken als durch einen Heilstein? Wenn Sie Ihren Außenbereich zu Entspannungszwecken nutzen, dann sollten Sie Steine wählen, die sich auf Meditation und Verjüngung konzentrieren. Bei der Entspannung geht es darum, die Batterien wieder aufzuladen, daher sind reinigende und beruhigende Heilsteine perfekt für einen Entspannungsbereich. Wenn Sie Ihren Außenbereich für Sport oder Bewegung nutzen, insbesondere für Praktiken wie Yoga, dann sollten Sie Heilsteine wählen, die eine Verbindung zwischen Geist und Körper herstellen und Sie erden. Wir gehen nach draußen, um zu trainieren, weil uns das besser mit der Erde um uns herum verbindet, daher sind Steine, die sich auf die spirituelle Verbindung konzentrieren, für diesen Zweck hervorragend geeignet. Eingehende Überlegungen über den Zweck Ihres Außenbereichs anzustellen, wird Ihnen dabei helfen, die Heilsteine auszuwählen, die Sie dort einbauen möchten.

Wie Sie diese Steine einbeziehen

Bei der Dekoration eines Gartens können Sie Ihrer Kreativität freien Lauf lassen. Warum also nicht ein paar Heilsteine integrieren? Eine kreative Möglichkeit, Steine in Ihren Außenbereich zu integrieren, besteht in der Herstellung eines wunderschönen Windspiels. Sie können ein Windspiel von Grund auf neu anfertigen oder Ihre Lieblingssteine zu einem vorhandenen Windspiel hinzufügen. Sie können Edelsteine auch in Fließenmosaike einarbeiten, zum Beispiel, indem

Sie die Tischplatte Ihres Gartentisches mit einem Mosaik versehen oder Mosaike an einem Baum befestigen. Das Wichtigste bei der Verwendung von Heilsteinen ist, sie strategisch zu platzieren. Wenn Sie die zwischenmenschlichen Beziehungen beim Essen verstärken möchten, sollten Sie Ihre Heilsteine in der Mitte des Tisches platzieren, um die Energie auf ein Zentrum zu lenken, durch das alle am Tisch miteinander verbunden werden. Ebenso sollten Sie Ihre Heilsteine an dem Ort Ihres Außenbereichs platzieren, den Sie am meisten nutzen. Wie auch immer Sie Ihre Steine in den vorhandenen Platz einbinden, achten Sie darauf, dass es auf kreative und stimmige Weise geschieht!

Schlafzimmer

Viele Menschen dekorieren ihr Schlafzimmer mit Heilsteinen. Das Schlafzimmer ist ein vielseitigerer Raum, als Sie vielleicht denken. Die Menschen nutzen ihr Schlafzimmer natürlich zum Schlafen, aber es wird auch zum Anziehen, zur Körperpflege und zur Pflege intimer Beziehungen genutzt. Manche Menschen arbeiten sogar an einem im Schlafzimmer aufgestellten Schreibtisch oder lesen Bücher im Bett, um nur einige Beispiele zu nennen. Das sind viele unterschiedliche Zwecke für einen einzigen Raum! Sie müssen also einen Weg finden, die Schwingungen, die Ihr Schlafzimmer haben sollte, zu zentrieren. Denken Sie darüber nach, wie Sie Ihr Schlafzimmer nutzen und welche Energien Sie dort verstärken wollen. Vielleicht werden Sie feststellen, dass Sie verschiedene Heilsteine in verschiedenen Teilen Ihres Schlafzimmers verwenden möchten, um die manchmal widersprüchlichen Energien dort voneinander zu trennen. Nun werden wir uns die besten Möglichkeiten ansehen, Heilsteine in Ihrem Schlafzimmer zu verwenden.

Welche Steine Sie verwenden können

Ähnlich wie bei der Verwendung von Heilsteinen im Freien, sollten Sie einige verschiedene Arten von Steinen verwenden, um verschiedene Arten von Energien in Ihrem Schlafzimmer zu fokussieren. Als Erstes wird Ihr Schlafzimmer zum Schlafen verwendet. Sie denken vielleicht, dass es dafür reicht, Heilsteine zur Entspannung zu verwenden, aber zum Schlafen gehört so viel mehr als nur Entspannung. Schlafen und Träumen sind sehr wichtige Prozesse für die Entwicklung des Gehirns, der Vorstellungskraft, des Gedächtnisses und der spirituellen Identität. Träume können sehr mächtige Erfahrungen sein, sowohl im Guten als auch im Schlechten. Wahrscheinlich sollten Sie einige verschiedene Arten von Heilsteinen verwenden, um Ihren Schlaf zu verbessern: einen zum Entspannen und Abschalten vom Tag, einen zur Förderung positiver Träume und einen zur Förderung von Meditation oder philosophischen Gedanken. Diese Kombination sorgt für einen entspannten und erholsamen Schlaf. Als Zweites wird das Schlafzimmer für Intimität und Sex genutzt. Ganz gleich, ob Sie mehrere Partner pro Woche haben oder seit Jahrzehnten glücklich verheiratet sind, Sie möchten wahrscheinlich ein gewisses Element der Erregung in Ihr Schlafzimmer einbringen. Heilsteine, die die Erregung, die Lust und das Wohlbefinden des Körpers fördern, sind hier unerlässlich. Das Selbstwertgefühl ist für ein gesundes Sexualleben von entscheidender Bedeutung. Es ist also wichtig, eine starke Verbindung zu Ihrem eigenen Körper aufzubauen, bevor Sie den Körper eines anderen erkunden. Apropos Wohlbefinden im eigenen Körper: Sie sollten auch das Selbstwertgefühl in Bezug auf die drittwichtigste Funktion des Schlafzimmers fördern, nämlich das Ankleiden und die Körperpflege. Es ist wichtig, dass Sie das Gefühl haben, dass Sie einen starken Look zusammenstellen können, der zu Ihnen passt und Ihnen ein gutes Gefühl gibt. Heilsteine, die die Verbindung zwischen Körper und Geist und das Selbstvertrauen fördern, eignen sich hervorragend für

Ihren Ankleide- und Pflegebereich. Für jeden Zweck gibt es einen Heilstein, der Sie im Schlafzimmer unterstützt.

Wie Sie diese Steine einbeziehen

Schlafzimmer sind ein großartiger Ort für Heilsteine, da es so viele versteckte Plätze gibt, an denen man sie unterbringen kann. Der Trick bei einem so vielseitigen Raum ist, bestimmte Steine strategisch darin zu platzieren, um die verschiedenen Verwendungszwecke des Schlafzimmers zu unterstützen. So sollten Sie Heilsteine, die Ihnen beim Schlafen helfen sollen, nachts in Bodennähe und nah an Ihrem Kopf platzieren. Der Nachttisch oder das Kopfteil des Bettes sind gute Orte, an denen diese Steine auf Ihren Geist einwirken können, während Sie schlafen. Während Sie intim mit jemandem sind, ist Ihre Position im Bett vielleicht aufrechter, daher sollten Sie aphrodisierende Heilsteine auf einer höheren Ebene platzieren, vielleicht an der Wand über dem Kopfteil des Bettes, um eine zweite Ebene des psychischen Raums zu schaffen. Und zu guter Letzt sollten Sie die Heilsteine, die Ihnen beim Ankleiden mit Ihrem Körperbild helfen sollen, um Ihren Schminktisch herum platzieren. Sie könnten einen Edelsteinrahmen für Ihren Spiegel anfertigen oder eine Edelsteinschale für Ihren wertvollen Schmuck verwenden. Indem Sie Ihre Heilsteine an verschiedenen Orten aufstellen, helfen Sie, den Raum zu unterteilen und die verschiedenen Energien voneinander getrennt zu halten, damit sie nicht miteinander in Konflikt geraten.

Küche

Einer der dynamischsten Räume im Haus ist die Küche. Die Küche ist ein Ort für viele Dinge. Sie ist ein Ort der Kreativität, des Genusses, der Freude und der zwischenmenschlichen Beziehungen. Manche Leute bezeichnen die Küche als das Herz des Hauses, deshalb sollten Sie dafür sorgen, dass dieser Raum die richtige Energie hat. Heilsteine bieten eine großartige Möglichkeit, den Energiefluss in Ihrer Küche zu verbessern, Menschen zusammenzubringen und die Kreativität bei Ihren kulinarischen Aktivitäten zu fördern. Wenn Sie Heilsteine in der Küche verwenden, geben Sie sich selbst die Gelegenheit, sich für eine glücklichere Familie und ein besseres Leben für alle einzusetzen. Im Folgenden werden wir uns einige der besten Möglichkeiten ansehen, wie Sie Heilsteine in Ihrer Küche nutzen können.

Welche Steine Sie verwenden können

Da wir festgestellt haben, dass die Küche das Herz des Hauses ist, wäre es sehr gut, Heilsteine zu verwenden, die mit dem Herzchakra verbunden sind. Dies wird dazu beitragen, den Raum im Haus zu zentrieren und den Energiefluss aus anderen Räumen zurück in die Küche zu leiten. Beim Herzchakra geht es auch um Liebe und intime Familienbeziehungen, also darum, die wichtigsten Menschen in Ihrem Leben zusammenbringen. Gemeinsam zu kochen, zu essen und dies in der Gegenwart von Heilsteinen zu tun, kann wirklich dazu beitragen, die Beziehung zu Ihrer Familie zu stärken. Vielleicht möchten Sie auch einige kreativitätsfördernde Heilsteine verwenden, die Ihre Vorstellungskraft anregen und die Sie motivieren, in der Küche neue Dinge auszuprobieren. Diese beiden Arten von Heilsteinen helfen Ihnen, in Ihren Bereichen für die Zubereitung von Speisen ein Gleichgewicht zwischen ihren zwischenmenschlichen Beziehungen und Ihrer Kreativität herzustellen.

Wie Sie diese Steine einbeziehen

Wo Sie die Steine platzieren, hängt von der Art der Heilsteine ab, die Sie verwenden. Steine, die auf zwischenmenschliche Beziehungen einwirken sollen, platzieren Sie dort, wo Ihre Familie normalerweise zum Essen zusammenkommt. Das kann die Wohnküche, die Frühstückstheke oder sogar der Esstisch sein. Eine schöne Tischdekoration mit Edelsteinen kann eine gute Möglichkeit sein, Heilsteine auf unkomplizierte Weise in Ihren Essbereich zu integrieren. Steine, die die Kreativität anregen, sollten dort platziert werden, wo Sie aktiv mit der Zubereitung der Speisen beschäftigt sind. Stellen Sie einige Heilsteine auf die Fensterbank oder hängen Sie sie über den Ofen oder die Arbeitsplatte. Mit diesen beiden Methoden können Sie in Ihrer Küche den Eindruck von Stärke und Funktionalität vermitteln.

Wohnbereich

Das Wohnzimmer ist ebenfalls ein Raum, in dem zwischenmenschliche Beziehungen im Vordergrund stehen, allerdings auf eine etwas andere Art. Während sich das Schlafzimmer auf die Beziehung zu sich selbst und zum Partner, also die intimste Form der Verbindung, und die Küche auf die Beziehung mit der unmittelbaren Familie konzentriert, ist das Wohnzimmer der Raum, der die stärkste Beziehung zur Außenwelt hat. Dies ist der Raum, in dem Sie sowohl mit Ihrem engsten Familienkreis als auch mit Besuchern Zeit verbringen. Daher sollten Sie sich auf Energien konzentrieren, die sowohl heimelig und verbindend wirken, als auch einladend und nach außen gerichtet sind. Betrachten Sie diesen Raum als das Tor Ihres Zuhauses zur Außenwelt und schaffen Sie eine einladende Atmosphäre, die jeder genießen kann. Im Folgenden werden wir uns die besten Möglichkeiten ansehen, wie Sie diese Umgebung in Ihrem Wohnzimmer mit Heilsteinen schaffen können.

Welche Steine Sie verwenden können

Heilsteine, die zwischenmenschliche Beziehungen fördern, sind die offensichtliche Wahl für das Wohnzimmer. Der Raum dient der Konversation und dem Zusammensein mit der Familie oder mit Freunden, daher sollten Sie Steine einsetzen, die die Menschen zusammenbringen. Ein weiterer wichtiger Aspekt des Wohnzimmers, den es zu nutzen gilt, ist die Aufgeschlossenheit. Dies ist der Raum, durch den neue Perspektiven und Ideen in Ihr Zuhause gebracht werden, also sollten Sie diesen Raum so gestalten, dass er diese neuen Ideen einlädt. Aus diesem Grund sind Heilsteine, die für Offenheit und Gastfreundlichkeit stehen, die ideale Wahl für Ihr Wohnzimmer. Wählen Sie diese Steine mit Bedacht aus, dann werden Sie eine Energie schaffen, die jeden einlädt und ihm das Gefühl gibt, ein enges Familienmitglied zu sein.

Wie Sie diese Steine einbeziehen

Das Wohnzimmer ist in der Regel ein gut dekorierter Raum voller Schmuckstücke, sodass Sie wahrscheinlich viele Gelegenheiten finden werden, Heilsteine einzubauen. Eine gute Stelle, um Heilsteine in Ihrem Wohnzimmer zu platzieren, ist in der Nähe des Kamins, wenn Sie einen haben. Der Ausdruck „Heim und Herd" betont den Kamin als Herzstück des Wohnzimmers. Er ist das Element, das Wärme abgibt und den Mittelpunkt des Raumes bildet. Viele Menschen ordnen ihre Wohnzimmermöbel um den Kamin herum an, sodass er als eine Art psychischer Brennpunkt wirkt, selbst dann, wenn er nicht brennt. Das Platzieren von Heilsteinen auf dem Kaminsims trägt dazu bei, ihre Energie gleichmäßig im Raum zu verteilen. Sie können auch Steine auf dem Couchtisch platzieren, vor allem, wenn Sie dort Snacks servieren. Mit diesen zentrierenden Methoden können Sie einen starken Kreislauf positiver und einladender Energie in Ihrem Wohnzimmer schaffen.

Kapitel 9:
Heilsteine tragen

Eine weitere effektive Möglichkeit, Heilsteine auf passive Weise in Ihr Leben einzubinden, ist das Tragen von Steinen. Tragbare Steine haben eine sehr lange Tradition. Viele Schmuckpraktiken und -stile in Kulturen auf der ganzen Welt beinhalten Edelsteine. Auch heute noch geschieht es leicht, dass man Edelsteinschmuck kauft, ohne sich seiner heilenden Eigenschaften bewusst zu sein oder etwas über Heilsteine zu wissen. Wahrscheinlich besitzen Sie sogar schon ein Heilstein-Schmuckstück und wissen es nicht einmal! Aber wenn Sie sich die Vorteile bewusst machen und Ihre Steine richtig auswählen, gibt es so viele Möglichkeiten, wie das Tragen von Heilsteinen Ihr Leben verbessern kann! In diesem Kapitel werde ich Sie darüber informieren, auf welche Weise das Tragen von Heilsteinen Ihnen helfen kann und was Sie bei der Auswahl eines Steins, den Sie mit sich herumtragen, beachten sollten.

Die Vorteile des Tragens von Heilsteinen

Der Nutzen von Steinheilkunde ist groß, und Sie können ihn besonders genießen, wenn Sie Ihre Heilsteine mit sich herumtragen. Aus diesem Grund schwören viele Menschen auf ihre Steinarmbänder oder -ketten. Manche Menschen tragen ihre Steine auch als Ohrringe oder stecken sogar winzige Steine in ihren BH! Es gibt unzählige Möglichkeiten, wie Sie von Ihren tragbaren Heilsteinen profitieren können. Hier sehen wir uns einige der attraktivsten Möglichkeiten an.

Ihre Heilsteinpraxis in Ihren Alltag integrieren

Je nach Ihren persönlichen Vorlieben und Gewohnheiten gibt es für Sie vielleicht bestimmte Zeiten am Tag, in denen Sie sich mit Ihren Heilsteinen beschäftigen. Das kann während einer Meditation oder einer Therapiesitzung sein. Das ist großartig, denn so schaffen Sie sich eine feste, bestimmte Zeit für die Steine. Es ist jedoch auch hilfreich, Ihre Heilsteinpraxis kontinuierlich in Ihr Leben zu integrieren. Wenn Sie Ihre Steine den ganzen Tag tragen, können Sie ihre Vorteile kontinuierlich nutzen und nicht nur bei einzelnen Gelegenheiten. Sie können auch dann von ihnen profitieren, wenn Sie Ihren Steinen keine Aufmerksamkeit schenken, was bedeutet, dass Sie eine unbewusste Symbiose mit ihnen eingehen. Im Grunde genommen machen tragbare Steine Ihre Heilsteinpraxis zu einer rund um die Uhr nutzbaren Gelegenheit.

Einen intuitiveren Geist schaffen

Aufgrund dieser stärkeren und beständigeren Verbindung zu Ihren Heilsteinen werden Sie wahrscheinlich eine tiefere Verbindung zu Ihrem Unterbewusstsein aufbauen. Sie werden Ihrem Unterbewusstsein erlauben, sich in Ihrer Beziehung stärker zu äußern und lauter zu Ihnen zu sprechen. Nach einer Weile werden Sie wahrscheinlich feststellen, dass es Ihnen leichter fällt, auf Ihre Intuition zu hören und von ihr zu lernen. Daran können Sie erkennen, dass das ständige Tragen von Heilsteinen zu einem viel intuitiveren Verstand führen kann, selbst wenn Sie Ihren Steinschmuck abgenommen haben.

Gesundheitliche Vorteile

Viele Heiler predigen auch die gesundheitlichen Vorteile von tragbaren Heilsteinen. Beschwerden wie Hautkrankheiten und Arthritis können von einem längeren Kontakt mit schwingenden Heilsteinen sehr profitieren. Sie werden vielleicht feststellen, dass das Tragen von Heilsteinen eine positive Wirkung auf einige dieser Beschwerden haben kann. Sprechen Sie mit Ihrem Arzt oder Heilpraktiker, um zu klären, ob Sie in Bezug auf Ihre Beschwerden Steine in Ihre bestehende Heilpraxis einbeziehen können.

Ästhetik

Seien wir ehrlich, eine weitere große Attraktion von Heilsteinen ist ihr Aussehen! Mit all den schönen Farben, Formen und Texturen, die es in der Familie der Minerale gibt, sind sie ein wunderbarer Schmuck, selbst wenn man ihre Heilkräfte nicht berücksichtigt. Sie können wahrhaft schöne Schmuckstücke kaufen oder selbst aus Ihrer Heilsteinsammlung zusammenstellen, um sie auf stilvolle Weise zu tragen und gleichzeitig von ihren kraftvollen Energien zu profitieren.

Zu beachtende Dinge

Bevor Sie sich Ihre Quarzketten und Jade-Armbänder umhängen, sollten Sie sich genau überlegen, wofür sie verwendet werden sollen. Wenn Sie Heilsteine tragen und ständig ihre Energie aufnehmen, kann das sehr kräftezehrend sein, und wenn Sie nicht über ihre Verwendung nachdenken, kann es passieren, dass Sie Ihre Energien bei bestimmten Aktivitäten durcheinanderbringen. Einen Heilstein am

Körper zu tragen, ist eine viel drastischere Handlung als ihn einfach in Ihre Praxis einzubauen. Das Tragen eines Heilsteins bedeutet einen ständigen Kontakt mit seinen Schwingungen und somit eine engere und beständigere Verbindung mit seiner Energie. In diesem Abschnitt werden wir einige Aspekte des Tragens von Heilsteinen untersuchen, die Sie berücksichtigen sollten, bevor Sie damit beginnen.

Der Kontext ist wichtig

Wie bei der Dekoration Ihres Hauses müssen Sie auch die Steine, die Sie tragen, auf die jeweilige Situation abstimmen. Den falschen Heilstein bei der falschen Veranstaltung oder am falschen Ort zu tragen, kann schwerwiegende Folgen in Bezug auf die Energie haben, die Sie in diese Situation bringen. Denken Sie zurück an unsere Diskussion über das Wohnhaus und die Energien, die in den verschiedenen Räumen wirken. Stellen Sie sich nun Ihr Leben wie ein Haus vor, mit verschiedenen Räumen, die unterschiedlichen Zwecken dienen. Ihr Leben ist voll von verschiedenen Erfahrungen, die alle unterschiedliche Energieniveaus und -typen erfordern, um gut zu verlaufen. Wahrscheinlich werden Sie an Ihrem Arbeitsplatz ein anderes Energieniveau an den Tag legen, als wenn Sie sich mit Freunden treffen oder einen entspannten Tag am Strand verbringen. In all diesen Situationen werden Sie unterschiedliche Energien benötigen. Einen entspannenden Heilstein zu einer Brainstorming-Sitzung bei der Arbeit mitzubringen, wäre wahrscheinlich keine gute Idee, genauso wenig wie es optimal wäre, einen Fokus-Stein zu einem Samstagabend in der Stadt mitzubringen. Dies kann Ihre Energien durcheinanderbringen und Ihre Erfahrungen verschlimmern und unbefriedigend machen. Wenn Sie Heilsteine für Ihre verschiedenen Erfahrungen auswählen, achten Sie darauf, dass Sie sie auf die Energie abstimmen, die Sie in die jeweilige Erfahrung einbringen möchten.

Seien Sie vorsichtig, mit wem Sie interagieren

Eine weitere Facette des Lebens, die sehr wandelbar ist, ist die Welt der sozialen Interaktionen. Es ist nicht nur von Bedeutung, wohin Sie gehen, sondern auch, mit wem Sie zusammen sind. Heilsteine wirken sich auch auf die Menschen in Ihrer Umgebung aus, da ihre Energien auf subtile Weise auf die anderen Personen abstrahlen. Daher sollten Sie sorgfältig abwägen, mit wem Sie zusammen sind und wie sich die Steine, die Sie tragen, auf diese Menschen und die allgemeine Beziehung zwischen Ihnen auswirken könnten. Sie wollen sicher keine romantischen Gefühle zwischen Ihnen und Ihrem Chef oder Streitigkeiten zwischen Ihnen und der Familie Ihres neuen Partners fördern. Um sicherzustellen, dass Sie die Art Beziehung fördern, die Sie anstreben, ist es wichtig, Heilsteine zu tragen, die Ihre Interaktionen mit anderen unterstützen und ihre natürliche Energie nähren.

Gönnen Sie sich eine Pause

Zu guter Letzt ist zu sagen, dass das ständige Tragen von Heilsteinen, insbesondere von sehr intensiven Steinen, anstrengend sein kann. Manche Steine haben eine sehr starke Energie und fördern Veränderungen und Wiedergeburten, die Sie nicht jeden Tag durchleben möchten. Wenn Sie einen Lieblingsheilsteinanhänger haben, den Sie häufig tragen, und Sie merken, dass seine Schwingungen Sie sehr beeinflussen, dann sollten Sie sich eine Pause von diesem Stein gönnen, ihn vielleicht einen Tag lang ablegen, um zu sehen, wie Sie sich fühlen, oder ihn nicht in Situationen tragen, die nicht zu seiner Energie passen. Denken Sie daran: Ihre Heilsteine sollten Ihnen dienen, nicht umgekehrt. Wenn Sie also das Gefühl haben, dass die Energie zu stark ist, können Sie jederzeit eine Pause einlegen.

Kapitel 10:
Meditation

Meditation ist eine der am schnellsten wachsenden spirituellen Praktiken in der westlichen Welt. In den vergangenen Jahrzehnten haben immer mehr Menschen in diesen Teilen der Welt die erstaunlichen Vorteile der Meditation entdeckt, selbst diejenigen, die weder Buddhismus noch Hinduismus praktizieren. Achtsamkeit und Meditation haben sogar in der Unternehmenswelt Einzug gehalten: Viele Unternehmen bieten Achtsamkeits-Workshops für ihre Mitarbeiter an. Im Zeitalter von Hektik, Massen-Burn-out und einer Pandemie obendrein, ist es kein Wunder, dass viele Menschen Meditation als nützlich empfinden. Sie kann dabei helfen, den Geist neu zu fokussieren und sich von einigen der schädlichsten Denkweisen zu befreien. Sie kann sogar dazu beitragen, die körperliche Gesundheit zu verbessern, indem sie Stress abbaut. Es genügt, zu sagen, dass es eine Reihe von Gründen gibt, warum Meditation heutzutage so beliebt ist. Auch Heilsteine sind sehr beliebt, was viele Menschen dazu veranlasst, sie in ihre Meditationspraxis einzubeziehen. In diesem Kapitel werde ich alles über den Zweck, die Vorteile und die Methoden der Verwendung von Heilsteinen in der Meditation erzählen.

Wozu mit Heilsteinen meditieren?

Neben der Meditation erfreuen sich auch Heilsteine großer Beliebtheit, und so ist es kein Wunder, dass viele Menschen beides miteinander kombinieren. Tatsächlich geht die Praxis der Meditation mit Heilsteinen auf die Ursprünge der Heilsteinkunde selbst zurück, sodass es sehr sinnvoll ist, die beiden miteinander zu verbinden. Bei der Meditation geht es darum, die Energien des Universums durch sich hindurchfließen zu lassen, während man versucht, sie in sich aufzunehmen und mit ihnen eins zu werden. Warum also nicht einige der spezifischen Energien von Heilsteinen in diese Praxis einbeziehen? Heilsteine können dazu beitragen, Ihre Meditation zu fokussieren und Manifestation und Energieaufnahme zu unterstützen. Wenn es einen Stein gibt, dessen Energie Sie besonders interessiert, oder ein bestimmtes Problem in Ihrem Leben, auf das Sie sich konzentrieren möchten, dann kann es eine gute Idee sein, Heilsteine in Ihre Meditationspraxis einzubeziehen. Kurz gesagt, das Meditieren mit Steinen kann sowohl Ihre Meditationspraxis als auch Ihre Heilsteinpraxis verbessern und etwas schaffen, das größer ist als die Summe seiner Teile. Nun werden wir einige der triftigsten Gründe für die Verwendung von Heilsteinen in Ihrer Meditationspraxis betrachten und einige der Möglichkeiten aufzeigen, wie Heilsteine Sie auf Ihrer spirituellen Reise weiterbringen können.

Ein bestimmter Schwerpunkt

Der erste Hauptgrund, aus dem Sie Heilsteine in Ihrer Meditationspraxis verwenden können, ist der Versuch, sich auf ein bestimmtes Thema oder eine bestimmte Frage zu konzentrieren. Dieser Versuch ist verbunden mit der eher westlichen Bedeutung des Wortes „meditieren", in der Meditation so viel wie „nachdenken" oder „überlegen" meint. In der westlichen Kultur wird Meditation oft mit christlichen Mönchen oder Philosophen in Verbindung gebracht, die ihre Tage mit dem

Nachdenken über theologische Fragen, Poesie und Kunst verbringen. Bei dieser Art der meditativen Praxis versuchen Sie, die Kraft der Heilsteine zu nutzen, um eine Frage wirklich zu durchdenken. Dabei kann es sich um eine persönliche Frage handeln, z. B., ob Sie eine Beziehung mit jemandem eingehen sollten oder nicht, um eine berufliche Frage, z. B. die Suche nach Ihrem Lebensweg, oder sogar um eine spirituelle Frage, z. B. die Frage nach der Ordnung des Universums. Für welche Frage Sie sich auch entscheiden, ein Fokus-Heilstein kann Ihnen dabei helfen, aus Ihren Ideen einen produktiven Gedankengang zu machen und Sie zu etwas wirklich Erhellendem zu führen.

Spezifische Energien

Auch wenn Sie nicht auf der Suche nach einer Antwort auf eine bestimmte Frage sind, möchten Sie vielleicht eine ganz bestimmte Art von Energie in Ihrer Meditation nutzen. Meditation kann für viele Menschen eine einschüchternde Praxis sein, da sie volle Konzentration erfordert. Es kann leicht passieren, dass die Gedanken abschweifen, besonders wenn man nicht sehr erfahren ist. Bestimmte Heilsteine können Ihnen helfen, Ihre Energie beim Meditieren zu fokussieren, was zu einer konzentrierteren Meditationspraxis führt. Heilsteine zu verwenden, um Ihre Gefühle und Gedanken in eine bestimmte Richtung zu lenken, ist eine der besten Möglichkeiten, wie Sie sie in Ihre Praxis einbeziehen können.

Vertiefen Sie die Verbindungen

Wenn Sie Heilsteine in Ihrer Meditationspraxis verwenden, gibt Ihnen das die Möglichkeit, Ihren meditativen Prozess zu vertiefen und stärkere Verbindungen zwischen Ihren spirituellen Praktiken herzustellen. Sie können sehen, wie sich Ihre Beziehung zu Heilsteinen in Ihrer Beziehung zu Ihrer Meditationspraxis widerspiegeln kann und wie diese

Symbiose beide beeinflusst. Wenn Sie diese Verbindung herstellen, können Sie die höheren Aspekte der Spiritualität und die Kernaspekte der spirituellen Praxis erkennen und sehen, wie viele dieser Praktiken versuchen, auf dieselbe universelle Energie zuzugreifen. Sie können sogar noch einen Schritt weiter gehen und anfangen, astrologische Praktiken, Numerologie oder Tarot in Ihre Heilsteinmeditation einzubeziehen, vielleicht indem Sie bestimmte Mondphasen oder Wochentage für die Meditation wählen, um die Erfahrung zu verbessern. Alle spirituellen Praktiken sind von Natur aus miteinander verbunden, und sie gemeinsam zu praktizieren ist ein kraftvoller Weg, um die höhere Ebene zu erkennen, nach der all diese Praktiken streben.

Verstehen Sie Ihre Heilsteine

Die Meditation mit Heilsteinen kann nicht nur Ihre Meditationspraxis verbessern, sondern Ihnen auch helfen, die Heilsteinkunde besser zu verstehen. Wenn Sie sich für jeden Ihrer Heilsteine besonders viel Zeit nehmen, bietet das eine wunderbare Möglichkeit, wirklich in die sehr spezifische Art und Weise einzutauchen, auf die jeder Heilstein für Sie wirkt. Dies ist besonders effektiv, wenn Sie während Ihrer Meditation wirklich einen Stein nach dem anderen betrachten. Wenn Sie Heilsteine nur tragen oder im Haus aufbewahren, verbringen Sie nicht wirklich eine bewusste, intensive Zeit mit ihnen. Wenn Sie sich jedoch einzeln mit einem bestimmten Heilstein beschäftigen, dann können Sie wirklich wahrnehmen, wie er auf Sie wirkt. Beobachten Sie sich selbst ein wenig während dieser Meditationspraxis. Wie fühlen Sie sich mit dem Stein? Welche Gedanken kommen Ihnen in den Sinn? Fühlen Sie sich entspannt oder energetisiert? Sie können nach dieser Meditation sogar schriftlich darüber reflektieren, wenn Sie Ihre Erfahrung festhalten wollen. Vielleicht stellen Sie am Ende sogar fest, dass Sie diese Reflexion jedes Mal vornehmen wollen, wenn Sie einen neuen Heilstein kaufen, damit Sie wirklich verstehen, wie er auf Sie wirkt!

Welche Heilsteine sollten Sie verwenden?

Wenn Sie verschiedene Arten der Meditation ausprobieren wollen, sollten Sie mit verschiedenen Steinen experimentieren. Fokus-Heilsteine sind bei der Meditation sehr beliebt, da sie Ihnen helfen, Ihre Gedanken zu fokussieren. Sie können jedoch verschiedene Arten von Steinen für diese Praxis wählen, nicht nur Fokus-Steine. Es kommt ganz darauf an, welche Ziele Sie mit der Meditationssitzung verfolgen. Wenn Sie eine reine Entspannungssitzung planen, ist es ratsam, Steine zu verwenden, die diese Entspannung unterstützen. Wenn Sie jedoch tief in Ihre Seele eindringen wollen, dann brauchen Sie Heilsteine, mit deren Hilfe Sie sich auf Wahrheit und Offenbarungen konzentrieren können. Vielleicht sind Sie auch an einer Manifestationsmeditation interessiert. In diesem Fall sollten Sie einen Heilstein wählen, der sich auf den Aspekt Ihres Lebens bezieht, den Sie zu manifestieren versuchen. Grundsätzlich sollten die Heilsteine, die Sie wählen, den Zielen entsprechen, die Sie mit Ihrer Meditationspraxis verfolgen. In Kapitel 17, wenn ich alle relevanten Heilsteine auflliste, sollten Sie überlegen, auf welche Art jeder von ihnen während der Meditation verwendet werden kann. Wenn Sie über Ihre Meditationsziele und die Heilsteine nachdenken, mit denen Sie sich persönlich verbinden, werden Sie in der Lage sein, den richtigen Stein zu wählen, der perfekt zu Ihrer Meditationspraxis passt.

Wie Sie Heilsteine in Ihrer Meditationspraxis verwenden

Nun, da Sie wissen, warum Sie Heilsteine für die Meditation verwenden sollten und welche Steine am besten dafür geeignet sind, können Sie lernen, wie man sie verwendet. Lange Rede, kurzer Sinn: Es gibt nicht nur den einen Weg, um Heilsteine in Ihre bestehende Meditationspraxis zu integrieren. Es kommt ganz darauf an, wie Sie am liebsten meditieren und welche Beziehung Sie zu Heilsteinen haben. Manche Menschen spüren die Wirkung von Steinen sehr stark und können ihnen daher nicht zu nahekommen, ohne sich dabei überwältigt zu fühlen. Andere Menschen hingegen haben das Gefühl, dass sie ihre Steine ganz nah bei sich haben müssen, um überhaupt eine Wirkung zu spüren. Ein weiterer Aspekt ist die Frage, an welchen Körperstellen oder bei welchen Chakren die Steine die stärkste Wirkung entfalten. Um die meditative Kraft eines Heilsteins zu nutzen, müssen Sie die Methode finden, die für Sie am besten funktioniert. Es gibt nicht die eine Methode, aber es gibt einige bewährte Methoden, die ein guter Ausgangspunkt für Sie sein könnten. In diesem Abschnitt werde ich einige dieser Methoden vorstellen, damit Sie beginnen können, die Steinheilkunde in all ihren Facetten in Ihre Meditationspraxis zu integrieren.

Die Haltemethode

Die einfachste Art, mit Heilsteinen zu meditieren, besteht darin, währenddessen einen Stein in der Hand zu halten. Diese Methode eignet sich am besten bei Fokus-Heilsteinen, wenn Sie versuchen, einen bestimmten Gedanken oder ein bestimmtes Gefühl durch Ihren Stein zu manifestieren. Wenn Sie einen Heilstein in der Hand halten, sollten Sie seine Kraft zentrieren und Ihre Gedanken durch ihn lenken. Setzen oder stellen Sie sich hin, je nachdem, was Sie bevorzugen, und halten Sie den Stein vor Ihren Körper. Konzentrieren Sie sich auf den Heilstein und darauf, wie er sich in Ihrer Hand anfühlt. Egal, ob Sie Ihre Augen geöffnet haben oder nicht, stellen Sie sicher, dass Sie wissen, wo sich der Stein im Raum befindet. Denken Sie dann sehr sorgfältig über das Thema nach, über das Sie meditieren, und konzentrieren Sie sich gleichzeitig auf den Stein. Dies sollte dazu beitragen, dass Ihre Energien gut zusammenarbeiten und dass die Fragen durch Ihre Heilsteine manifestiert werden. Auch wenn Sie keinen Fokus-Stein verwenden, erfordert die Haltemethode, dass Sie Ihre Energien durch Ihre Hände und den darin befindlichen Heilstein lenken. Wenn Sie möchten, dass der Stein eine stärkere Wirkung auf Sie ausübt, versuchen Sie, zu spüren, wie die Energie von Ihren Handflächen in Ihre Arme und durch Ihren Körper fließt. Auf diese Weise sollten Sie in der Lage sein, sich wirklich auf die Energie dieses einen Heilsteins zu konzentrieren und entweder Ihre Gedanken durch sein Prisma zu leiten oder zuzulassen, dass seine Energie auf Ihren Körper übergeht.

Die Chakramethode

Wie ich in Kapitel 3 über die Chakren erläutert habe, ist die Heilsteinpraxis mit den Chakren des Körpers verbunden, sodass Sie diese Konzepte vielleicht in Ihre Praxis einbeziehen möchten. Bei dieser Meditationsmethode konzentrieren Sie sich auf einen bestimmten Teil Ihres Körpers und den Heilstein, mit dem er verbunden ist. Um einen Stein für Ihre Chakrameditation auszuwählen, sollten Sie drei Aspekte berücksichtigen: Steine, die mit dem Thema assoziiert sind, das Sie manifestieren oder lösen wollen, Steine, die mit dem Chakra verbunden sind, auf das Sie sich konzentrieren wollen, und natürlich Steine, mit denen Sie sich persönlich verbunden fühlen. Wenn es Ihnen gelingt, den Heilstein zu finden, der all diese Kriterien erfüllt, sind Sie auf dem besten Weg, Ihre Chakren zu lösen und Ihren Körper ins Gleichgewicht zu bringen.

Die Methode, bei der Sie Heilsteine verwenden sollten, um Ihre Chakren während der Meditation anzusteuern, besteht darin, dass Sie sich auf den Bauch legen und die Steine strategisch entlang Ihre Wirbelsäule an Ihren zentralen Chakrapunkten platzieren. Wenn Sie also Ihr Wurzelchakra anvisieren, platzieren Sie den Stein über Ihrem Steißbein, und wenn Sie Ihr Herzchakra anvisieren, platzieren Sie den Stein genau zwischen Ihren Schulterblättern usw. Vielleicht brauchen

Sie einen Freund oder einen Masseur, der Sie bei dieser Übung unterstützt. Bleiben Sie so lange liegen, wie Sie es für nötig halten, und konzentrieren Sie sich wirklich auf den jeweiligen Teil Ihres Körpers und die Wirkung des darauf liegenden Heilsteins. Versuchen Sie, zu spüren, wie das gleichmäßige Auf und Ab der Energie jeden Teil Ihres Körpers wie eine lockernde Kraft durchdringt. Gleichzeitig können Sie sich auch auf Themen konzentrieren, die mit dem jeweiligen Chakra zu tun haben. Wenn Sie zum Beispiel mit den auf dem unteren Rücken liegenden Heilsteinen Ihr Sakralchakra ansprechen wollen, denken Sie über einige Themen nach, die Sie vielleicht verunsichern, und spüren Sie, wie Sie von diesen Themen befreit werden und wie sie Ihren Körper verlassen. Sie werden wahrscheinlich feststellen, dass diese gezielte Praxis Ihnen bei spezifischeren Problemen helfen wird, die sich auf bestimmte Aspekte Ihres Lebens beziehen. Heilsteine können eine sehr effektive Methode sein, um blockierte Chakren zu öffnen.

Die Heilsteine um sich herum platzieren

Diejenigen, die empfindlicher auf die Kraft der Steine reagieren oder die eine größere Auswahl an Heilsteinen in ihre Praxis einbeziehen möchten, können die Methode ausprobieren, bei der Sie die Steine um sich herum platzieren. Bei dieser Methode legen Sie Ihre Heilsteine während der Meditation in einer Formation um sich selbst herum aus. Die Formation, die Menge und die Art der Steine sowie die Platzierung jedes einzelnen Steins sind ganz Ihnen überlassen. Der Vorteil dieser Methode ist, dass sie viele verschiedene Steine zulässt, sodass Sie sie mischen und kombinieren können, was eine wunderbare Vielfalt an Energien erzeugt. Sie sollten sich jedoch darüber im Klaren sein, dass dieser Vorteil auch ein Nachteil sein kann, da das Mischen von zu vielen Heilsteinen für den unerfahrenen Nutzer eine Herausforderung und potenziell gefährlich sein kann. Die Kombination von zwei inkompatiblen oder extrem intensiven Steinen kann zu einer verwirrenden

Meditationserfahrung führen. Da die meisten Menschen die Meditation als entspannend, klärend oder sogar verjüngend empfinden, ist das Erzeugen widersprüchlicher Energien wahrscheinlich das Letzte, was Sie erreichen möchten. Daher sollten Sie sich über die Heilsteine, die Sie verwenden, und ihre möglichen Wechselwirkungen informieren.

Wenn Sie Ihre Meditation mit dieser Methode durchführen, können Sie einige der oben genannten Techniken einbeziehen. Zum Beispiel können Sie die hohe Konzentration der Halte-Methode nutzen, indem Sie einen bestimmten Stein auswählen, den Sie direkt vor sich platzieren und auf den Sie Ihre Energie konzentrieren. Sie können auch die Chakren miteinbeziehen, indem Sie bestimmte Heilsteine strategisch so platzieren, dass sie mit Ihren Chakren übereinstimmen. Dazu können Sie sich entweder hinlegen und die Steine um sich herum an den Chakrapunkten platzieren oder Sie hängen Ihre Steine auf der Höhe der Chakrapunkte um sich herum auf, während Sie sitzen. Die Kombination dieser Methoden kann Ihnen helfen, die Methode, bei der Sie die Steine um sich herum platzieren, wirklich zu verbessern. Es kann sogar eine gute Abwechslung für diejenigen sein, die die direkte Berührung von Heilsteinen als zu intensiv empfinden.

Die Yogamethode

Eine andere Methode, mit Heilsteinen zu meditieren, besteht darin, sie in eine meditative Yogapraxis einzubinden. So wie es verschiedene Arten der Meditation und der Heilsteinpraxis gibt, gibt es auch viele verschiedene Arten der Yogapraxis. Wenn Sie jedoch eine eher meditationsorientierte Yogapraxis ausüben, dann sollten Sie vielleicht in Erwägung ziehen, einige Heilsteine miteinzubeziehen. Sie können die zuletzt erläuterte Methode anwenden, indem Sie Heilsteine um den Bereich herum platzieren, in dem Sie Ihre Yogapraxis ausüben wollen, oder Sie können Ihre Steine sogar am Körper tragen, während

Sie Ihre Yogapraxis ausüben. Diese Methode kann sich auch mit der Chakramethode überschneiden, vor allem, wenn Sie versuchen, ein bestimmtes Chakra zu lösen und dafür den entsprechenden Heilstein verwenden wollen. Unabhängig von der spirituellen Praxis können diese Methoden oft miteinander verbunden werden, um Sie auf Ihrer spirituellen Reise zu unterstützen.

Säule 4:
Vorbereitung

Wenn wir uns von den Zwecken und möglichen Anwendungen Ihrer Steine wegbewegen, kommen wir zum Kern der Heilsteinpraxis: die eigentliche Vorbereitung und Verwendung Ihrer Heilsteine. Sie wissen es vielleicht nicht, aber die Vorbereitung ist ein wichtiger Bestandteil der Verwendung von Heilsteinen. Nur wenn Sie Ihre Steine richtig behandeln, kann sich ihre Wirkung entfalten. In dieser Säule zeige ich Ihnen, wie Sie Ihre Heilsteine vorbereiten müssen.

Kapitel 11:
Das Reinigen der Heilsteine

Der erste Schritt des Vorbereitungsprozesses ist die Reinigung Ihrer Heilsteine. Es mag Ihnen nicht bewusst sein, aber die Außenwelt kann tatsächlich einen großen Einfluss auf Ihre Steine haben. So wie Ihre Heilsteine ihre Schwingungen auf den Rest der Welt übertragen, so überträgt auch die Welt ihre Schwingungen auf Ihre Steine. Diese externen Schwingungen können einen großen Einfluss darauf haben, wie Ihre Heilsteine wirken, und machen manchmal ihren eigentlichen Zweck völlig zunichte. Die erste Reinigung, nachdem Sie Ihre Steine gekauft haben, ist besonders wichtig. Sie lagerten entweder in einem Geschäft, wo sie jeden Tag von vielen Menschen berührt wurden, oder in einem Versandlager, wo sie vielleicht von Mensch zu Mensch weitergereicht wurden. All diese Menschen haben ihre eigenen Energien mitgebracht, die sich auf Ihre Steine ausgewirkt haben könnten. Sie möchten während Ihrer eigenen Heilsteinpraxis nicht mit den Energien all dieser Menschen in Berührung kommen. Daher ist eine Reinigung nach dem Kauf Ihrer Heilsteine unerlässlich, ganz gleich, was Sie kaufen. Aber nicht nur am Anfang müssen die Steine gereinigt werden. Sie sind während der gesamten Zeit, in der Sie sie verwenden, vielen verschiedenen Energien ausgesetzt. Ob es nun die Menschen sind, denen Sie begegnen, während Sie Ihre Steine tragen, Menschen, die Sie zu sich nach Hause einladen, oder einfach Ihre eigenen unterschiedlichen Energien, die auf Ihre Steine einwirken; sie sollten regelmäßig gereinigt werden, damit sie immer frisch und bereit sind, ihr volles Potenzial zu entfalten.

Was meine ich nun mit Reinigung? Es geht nicht um eine physische Reinigung, obwohl man auch das immer tun kann. Nein, was ich meine, ist eine spirituelle Reinigung der Schwingungen der Heilsteine. Sie können sich das wie eine Art „Reset" vorstellen, wie das Zurücksetzen Ihres Laptops in den Werksmodus oder das Formatieren einer Festplatte. Alle Ablagerungen und Fehler, die sich in den Schwingungen der Steine festgesetzt haben, werden weggewischt, und Sie können neu beginnen. Sie fragen sich wahrscheinlich, wie das funktioniert, denn es gibt keinen eindeutigen physikalischen Prozess, um einen Stein zu „löschen". Nun, ich bin hier, um Ihnen dabei zu helfen. Es gibt verschiedene Methoden zur Reinigung von Steinen, die alle ihre eigenen Eigenschaften mit sich bringen. Für welche Methode Sie sich entscheiden, hängt von Ihnen und Ihrer Heilsteinpraxis ab sowie von dem Grad der Reinigung, den Sie anstreben. In diesem Kapitel werde ich die Grundlagen der Heilsteinreinigung erläutern, damit Sie sicherstellen können, dass Sie immer richtig gereinigte Steine zur Verfügung haben.

Methode Nr. 1: Klares Wasser

Manchmal muss man seine Steine einfach auf die altmodische Art reinigen: mit normalem Wasser. Wasser ist der Grundstoff für die Reinigung, mit dem sich Menschen und Tiere seit Millionen von Jahren waschen. Für die Reinigung von Heilsteinen speziell ist fließendes

Wasser unerlässlich. Wenn Sie Ihren Stein in einer Wanne mit stehendem Wasser baden, bleiben seine alten Schwingungen um ihn herum erhalten. Fließendes Wasser hingegen ist in der Lage, jegliche negative Energie vollständig wegzuwaschen. Zu diesem Zweck sollte das Wasser kalt sein und frei fließen können. Die besten Ergebnisse erzielen Sie, wenn Sie eine natürliche Wasserquelle, z. B. einen Bach, verwenden. Dadurch wird Ihr Stein mit der Energie der Erde durchtränkt. Wenn Sie jedoch keinen Zugang zu einem natürlichen Fluss oder Bach haben, können Sie auch Leitungswasser verwenden, aber achten Sie darauf, dass es frei fließt. Für eine gründliche Reinigung halten Sie Ihre Heilsteine mindestens eine Minute lang unter das fließende Wasser. Diese Technik eignet sich hervorragend für eine schnelle Reinigung, um Ihren Steinen neues Leben einzuhauchen.

Methode Nr. 2: Salzwasser

Für eine tiefere, chemischere Reinigung können Sie Salzwasser verwenden. Während Süßwasser mit den sauberen Bergquellen der Erde in Verbindung gebracht wird, wird Salzwasser mit den tiefen und mächtigen Ozeanen assoziiert. Salzwasser hat natürliche desinfizierende und reinigende Eigenschaften, weshalb es von Ärzten oft für infizierte Wunden oder Mundwunden empfohlen wird. Sie können diese reinigende Eigenschaft auch nutzen, um Ihre Heilsteine zu reinigen. Diese Art der Reinigung ist für einen tiefergehend gestörten Stein geeignet, im Gegensatz zu fließendem Wasser, das wirklich nur oberflächlich reinigt. Die Technik, um Ihre Heilsteine mit Salzwasser zu reinigen, besteht darin, sie mindestens ein paar Stunden, wenn nicht sogar ein paar Tage im Wasser liegen zu lassen. Auf diese Weise kann das Salzwasser vollständig in das Innere des Steins eindringen und alle unerwünschten Schwingungen herausleiten. Vielleicht möchten Sie nach der Reinigung eine Spülung mit frischem Wasser durchführen, um sicherzustellen, dass alles abgewaschen wurde und keine negativen Schwingungen oder Salzwasserrückstände an Ihrem Stein haften bleiben. Wie bei Süßwasser erzielen Sie die besten Ergebnisse mit natürlichem Salzwasser. Natürlich ist dies für alle, die nicht an der Küste leben, nicht wirklich machbar, deswegen können Sie das Salzwasser auch selbst herstellen. Wenn Sie nicht an der Küste wohnen, aber trotzdem natürliches Meerwasser verwenden möchten, können Sie es im Internet bestellen und sich liefern lassen. Wasser, in dem Sie Salz aufgelöst haben, ist jedoch auch geeignet. Für eine noch natürlichere Note können Sie eine Rohsalzquelle verwenden, z. B. rosa Himalaja-Salz oder Meersalz. Mit dieser Technik erhalten Ihre Heilsteine eine tiefe, gründliche Reinigung, die ihre Heilkraft vollständig erneuert.

Methode Nr. 3: Reis

Haben Sie schon einmal den Ratschlag gehört, ein mit Wasser vollgelaufenes Mobiltelefon in eine Schüssel mit Reis zu legen, um es zu retten? Diese Technik basiert auf der Tatsache, dass Reis natürliche Absorptionseigenschaften hat. Reis ist von Natur aus porös, sodass er dazu neigt, jede Feuchtigkeit um sich herum aufzusaugen. Heilsteintherapeuten verwenden Reis jedoch nicht nur, um Wasser zu absorbieren, sondern auch negative Energie. Im Gegensatz zum Salzwasser, das in die Steine eindringt, zieht der Reis die negativen Effekte, die auf die Steine einwirken, aus ihnen heraus. Die Methode des Einweichens ist fast genau dieselbe wie die bei Verwendung von Salzwasser. Sie legen Ihre Heilsteine in eine Schüssel mit Reis und lassen sie mindestens 24 Stunden lang darin liegen. Diese Zeit sollte ausreichen, um alle negativen Energien, die Sie nicht in Ihren Heilsteinen haben wollen, herauszuziehen. Reis kann Wunder bewirken, wenn es darum geht, widersprüchliche Schwingungen aus den Steinen zu ziehen und eine frische Umgebung zu schaffen.

Methode Nr. 4: Sonnenlicht

Neben Wasser und Getreide ist das andere lebensspendende Element auf dieser Erde die Sonne. Jeder, der schon einmal an einem schönen Tag ins Freie gegangen ist, weiß, wie verjüngend schon ein paar Stunden Sonnenlicht wirken können. Man fühlt sich wie ein großes Solarpanel, dessen Batterien durch das warme Licht wieder aufgeladen werden. Das Gleiche gilt auch für Ihre Heilsteine. Auch wenn es abwegig klingt, kann eine gesunde Menge an Sonnenlicht, dem Sie Ihre Steine aussetzen, tatsächlich eine starke Reinigungswirkung haben. Wenn Sie Ihre Heilsteine an einem sonnigen Tag an einem exponierten Ort platzieren, erhalten sie die Wärme und das Licht, das sie brauchen, um sich zu regenerieren.

Methode Nr. 5: Mondlicht

Als Alternative zur Reinigung mit Sonnenlicht können Sie Ihre Steine auch in Mondlicht baden. Das Mondlicht ist lediglich eine Reflexion des Sonnenlichts, das heißt, es wurde bereits gefiltert und gedämpft. Die Reinigung mit Mondlicht ist weniger hart als die Reinigung mit Sonnenlicht, aber genauso effektiv. Wenn Sie einen sanfteren, geheimnisvoller wirkenden Ansatz für die Reinigung mit Licht wünschen, kann Mondlicht eine gute Option sein. Natürlich können Sie die Reinigung auch so planen, dass Ihre Steine ein wenig von beidem abbekommen. Versuchen Sie, einen sonnigen Tag zu bestimmen, auf den ein Vollmond folgt, damit Sie die bestmögliche Wirkung für Ihre Heilsteine erzielen.

Kapitel 12:
Das Aufladen der Heilsteine

Sobald Ihre Heilsteine schön gereinigt sind, können Sie sie aufladen. Das Aufladen Ihrer Heilsteine ist ein wesentlicher Bestandteil des Prozesses, sie mit Energie zu versorgen. Auch wenn die Steine ihre eigene Energie mitbringen, kommt diese Energie letztlich aus der Verbindung mit der Erde. Genau wie Batterien und sogar Menschen müssen Heilsteine von Zeit zu Zeit mit einer Energiequelle verbunden werden, um ihre Energie wieder aufzufüllen. Wenn Sie sich auf Ihre Reise in die Welt der Heilsteine begeben, müssen Sie lernen, wie Sie Ihre Steine aufladen, um ihre Energie während der gesamten Zeit, die Sie sie benutzen, zu erhalten. Die besten Praktiker der Heilsteinkunde laden ihre Steine regelmäßig auf und schwören auf ihre eigenen Lieblingsmethoden. In diesem Kapitel werde ich Ihnen alles über den Prozess des Aufladens von Steinen vermitteln, sodass auch Sie an diesem wichtigen Aspekt der Steinheilkunde teilhaben können. Zunächst gebe ich Ihnen einen Überblick über den Unterschied zwischen Aufladen und Reinigen. Als Nächstes beschreibe ich einen allgemeinen Zeitrahmen und einen Zeitplan dafür, wann Sie Ihre Steine aufladen sollten. Und zu guter Letzt werde ich Sie über einige der Möglichkeiten aufklären, wie Sie Ihre Heilsteine effektiv aufladen können. Am Ende des Kapitels sollten Sie ein solides Verständnis für den Prozess des Aufladens Ihrer Heilsteine haben und bereit sein, selbst damit zu beginnen.

Was geschieht beim Aufladen von Heilsteinen?

Was genau passiert also, wenn Sie Ihre Heilsteine aufladen? Und was genau ist der Unterschied zwischen Aufladen und Reinigen? Nun, der Hauptunterschied ist der zwischen Output und Input. Wenn Sie Ihre Steine reinigen, entfernen Sie negative Energie und erlauben ihnen, ihre Schwingungen neu zu kalibrieren und in einen ausgeglicheneren Zustand zu kommen. Wenn Sie Ihre Steine hingegen aufladen, verleihen Sie ihnen positive oder energetisierende Schwingungen. Obwohl Heilsteine ihre natürlichen Schwingungen auf unbegrenzte Weise beibehalten, kann es für ihre Produktivität sehr hilfreich sein, sie positiven Energien auszusetzen. Sie aufzuladen bedeutet also, ihre Schwingungen zu verstärken. Es ist wie das Einbrennen einer gusseisernen Pfanne. Die Pfanne funktioniert vielleicht auch ohne, aber, wenn man sie richtig pflegt – sie mit Meersalz abwäscht und die Aromen in sie eindringen lässt – kann dies ihre Leistung wirklich verbessern. Das Aufladen von Heilsteinen führt zu einer Neukalibrierung, und zwar auf eine andere Art und Weise als beim Reinigen, indem es den Steinen Energie zuführt, anstatt ihnen Energie zu entziehen.

Wann sollten Sie Ihre Heilsteine aufladen?

Wir wissen also, dass man Heilsteine reinigen sollte, wenn man sie zum ersten Mal erhält und wenn man das Gefühl hat, dass sie übermäßig negativen oder widersprüchlichen Energien ausgesetzt waren. Diese Erfahrungen können Ihre Heilsteine durcheinanderbringen und dazu führen, dass ihre Energien ins Ungleichgewicht geraten. Aber wann laden Sie Ihre Steine auf? Wir können uns die Beziehung zwischen Reinigung und Aufladung so vorstellen, als würden wir unsere Haut waschen und danach mit Feuchtigkeit versorgen. Nach dem Duschen – dem Waschen der Haut – sollten Sie Ihren Körper mit Feuchtigkeit versorgen, um der Haut die beim Waschen verloren gegangene Feuchtigkeit wieder zuzuführen. Da die Reinigung mit Seife dem Körper seine natürlichen Öle entzieht, ist eine anschließende Feuchtigkeitszufuhr unerlässlich, damit die Haut ihre Feuchtigkeit behält. Ähnlich verhält es sich mit der Reinigung und Aufladung von Heilsteinen. Wenn Sie Ihre Steine vor Kurzem gereinigt haben, sind sie viel empfindlicher als zuvor, da sie vollständig auf ihre natürlichen Schwingungen reduziert wurden. Sie könnten also einen Schub gebrauchen, damit ihre Energie wieder in Einklang gebracht wird. Aus diesem Grund ist es eine gute Idee, das eingeplante Aufladen mit der geplanten Reinigung zu kombinieren und das eine nach dem anderen durchzuführen. Auf diese Weise erhalten Ihre Heilsteine einen doppelten Energieschub und werden so stark wie möglich.

Wie man Heilsteine auflädt

Nun, da Sie wissen, warum und wann Sie Ihre Heilsteine aufladen sollten, befassen wir uns damit, wie Sie dies tun. Wie bei der Reinigung gibt es viele Möglichkeiten, wie Sie Ihre Steine aufladen können. Viele der vorgestellten Methoden haben leicht unterschiedliche Wirkungen auf Ihre Heilsteine, daher sollten Sie sicherstellen, dass Sie die spezifischen Eigenschaften aller Mittel kennen, die Sie zum Aufladen der einzelnen Heilsteine verwenden. Ähnlich wie bei der Auswahl der Steine selbst, sollten Sie darauf achten, dass Sie mit den Schwingungen, denen Sie Ihre Steine aussetzen, im Einklang stehen. In diesem Abschnitt werde ich einige der gebräuchlichsten Methoden und Materialien vorstellen, die Menschen zum Aufladen ihrer Heilsteine verwenden.

Vergraben

Heilsteine kommen aus der Erde. Es ist also kein Wunder, dass sie so viel Energie aus ihr beziehen. Es ist der Boden, der die Steine mit all ihrer kraftvollen Energie ausstattet. Wenn wir die Minerale abbauen, unterbrechen wir diese Verbindung. Ja, wir sind danach immer noch in der Lage, die Kräfte der Edelsteine kontinuierlich zu nutzen, aber wir müssen uns daran erinnern, dass es der Boden ist, der den Stein geformt und ihm seine natürlichen Schwingungen verliehen hat. Wenn wir diese Verbindung wiederherstellen, und sei es auch nur für ein paar Stunden, geben wir dem Stein einen Schub aus seiner natürlichen Umgebung, den er braucht, um wirklich zu strahlen.

Die allgemeine Methode zur Aufladung Ihrer Heilsteine durch Vergraben ist sehr einfach. Alles, was Sie tun müssen, ist ein Loch irgendwo in der Erde zu graben. Das kann in Ihrem Garten sein oder sogar an einem sicheren öffentlichen Ort, der sehr abgelegen ist, wo der Stein nicht gestohlen werden kann. Wenn Sie keinen Zugang zu einer Grabstelle in der Erde haben, können Sie versuchen, Ihren Stein in einer großen Topfpflanze zu vergraben, um das Begrabensein in der Erde nachzustellen, aber das bedeutet, dass Ihr Heilstein keinen Zugang zu der starken Erdverbindung hat, die besteht, wenn er direkt in der Erde vergraben ist. Wenn Sie einen Stein haben, der leicht verschmutzt und schwer zu reinigen ist, z. B. einen sehr zerklüfteten Stein, können Sie ihn in ein schützendes Behältnis legen. Sie sollten jedoch wissen, dass die stärkste Wirkung erzielt wird, wenn Sie Ihren Stein direkt vergraben. Die besten Ergebnisse erzielen Sie, wenn Sie Ihre Heilsteine zum Aufladen mindestens eine Woche lang im Boden vergraben lassen. So können sie ihre Temperatur vollständig regulieren und alle Schwingungen der Erde aufnehmen. Sie können die Steine auch für kürzere Zeit dort lassen, aber Sie erzielen dann möglicherweise nicht die volle Wirkung, die Sie wünschen. Wenn man einen Heilstein in der Erde vergräbt, kann er sich wieder mit seinen Wurzeln verbinden (im wahrsten Sinne des Wortes) und einige seiner ursprünglichsten Schwingungen wiederherstellen.

Klangschalen

Schwingungen sind ein wichtiger Bestandteil von Heilsteinen, wie wir in diesem Buch ausführlich besprochen haben; Schwingungen sind auch ein zentraler Aspekt von Klang. Klang mag nicht als etwas Mächtiges erscheinen, da man ihn nicht sehen oder berühren kann, aber er kann tatsächlich eine immense Wirkung auf Ihre Heilsteine haben. Nahezu jeder Klang kann Ihre Steine beeinflussen. Sogar Ihre eigene Stimme hat eine Wirkung. Sie können versuchen, zu Ihren Steinen zu singen oder zu chanten, um sie mit Ihrer Energie in Einklang zu bringen. Diese Strategien sind sehr beliebt und haben sich als wirksam erwiesen. Eine der gängigsten Methoden, wie Menschen ihre Heilsteine mit Klang aufladen, ist die mithilfe von Klangschalen. Das sind runde Metallschalen, die in den meisten spirituellen Geschäften erhältlich sind und zu denen ein Stab gehört. Dieses Ensemble kann an einen Mörser und Stößel erinnern. Wenn man mit dem Stab am äußeren Rand der Schale entlangfährt, erzeugt man einen wunderschönen Klang. Diese Schalen werden nicht nur für Heilsteine verwendet, sondern ganz allgemein, um Menschen mit ihren Schwingungen zu helfen. Der Klang hat eine kraftvolle Qualität, die wirklich Energie entfachen kann. Daher eignen sich Klangschalen hervorragend zum Aufladen von Heilsteinen.

Sie können Heilsteine mittels Klangschalen aufladen, indem Sie sie in der Nähe Ihrer Steine zum Klingen bringen. Je näher die Steine dem Klang sind, desto intensiver ist die Wirkung auf sie. Wenn Sie Steine haben, die klein genug sind, oder eine ausreichend große Schale, können Sie Ihre Steine sogar in die Schale legen, um die maximale

Wirkung zu erzielen. Manche Heilsteintherapeuten bezeichnen dies als „Klangbad" für Ihre Steine. Wenn Sie Ihre Heilsteine in den wunderschönen Schwingungen Ihrer Klangschale baden, bietet das eine kraftvolle Art, sie aufzuladen. Dies gilt besonders für diejenigen, die bereits Klangschalen in ihre spirituelle Praxis einbeziehen. Für diese Menschen sind Klangbäder eine der idealen Methoden, um Ihre Heilsteine aufzuladen, da sie dazu führen, dass alle Schwingungen Ihrer verschiedenen spirituellen Praktiken in Einklang miteinander gebracht werden.

Räucherwerk

Ein weiterer Sinn, den Sie zur Aufladung Ihrer Heilsteine nutzen können, ist der Geruchssinn. Es gibt so viele Kräuter und Gewürze mit unterschiedlichen Eigenschaften, die für die Aufladung nützlich sein können. Schauen Sie sich das Räucherwerk an, das Sie normalerweise verwenden, und prüfen Sie, ob es mit Ihren Heilsteinen kompatibel ist. Probieren Sie verschiedene Arten von Räucherwerk aus und kombinieren Sie sie mit Steinen, die die gleichen Eigenschaften haben. Wenn Ihnen das gelingt, können Sie Ihre Steine mit genau der Art von Energie aufladen, die sie wirklich zum Strahlen bringt.

Es gibt verschiedene Möglichkeiten, wie Sie Ihre Heilsteine durch Räuchern aufladen können. Eine Methode besteht darin, das Räucherwerk anzuzünden und die Steine dann mit dem Rauch in Kontakt zu bringen. Dadurch werden sie den Schwingungen des Rauchs ausgesetzt und mit einer dünnen Schicht von Rückständen überzogen. Auf diese Weise kann die heilende Wirkung des Räucherwerks wirklich in die Steine eindringen. Bei der anderen Methode werden die Steine mit dem Ruß des Räucherwerks eingerieben. Bei beiden Methoden werden die Heilsteine mit den Rückständen des Räucherwerks überzogen, was eine wichtige Voraussetzung dafür ist, dass die beiden Energien wirklich miteinander in Kontakt treten können. Zu den beliebten

Räucherungen gehören Kräuter oder Pflanzenbestandteile wie Lavendelblüten, Sandelholz und Jasminblüten. Wenn Sie diese Technik richtig anwenden, wird Ihr Heilstein von bestimmten Energien durchdrungen, genau wie bei der Verwendung von Klangschalen.

Salz

Wenn Sie möchten, dass Ihre Heilsteine von einem anderen Stein durchdrungen werden, können Sie Salz verwenden! Eigentlich ist Salz chemisch gesehen ein Mineral. Es wird in der Regel nicht in der Heilsteinpraxis verwendet, außer vielleicht das rosafarbene Himalaja-Salz, aber aufgrund dieser Eigenschaft hat es eine starke Beziehung zu Ihren spirituellen Heilsteinen. Sie können Salz also tatsächlich verwenden, um die Heilsteine aufzuladen. Im letzten Kapitel haben wir über die Verwendung von Salzwasser, also von mit Salz versetztem Wasser, zur Reinigung gesprochen. Für die Aufladung Ihrer Heilsteine brauchen Sie etwas, das ein wenig stärker ist. Wenn Sie Ihre Steine in eine Schale mit Salz legen, vor allem mit einem natürlicheren Salz, werden sie mit allen möglichen Energien angereichert. Genau wie beim Vergraben Ihrer Steine in der Erde werden Ihre Steine so wieder mit ihren Wurzeln verbunden und können mit anderen Heilsteinen Energie austauschen.

Menschlicher Atem

Ob Sie es glauben oder nicht, auch Sie haben starke spirituelle Energien und Schwingungen, die Sie an Ihre Heilsteine weitergeben können! Allein Ihre Anwesenheit in der Nähe Ihrer Steine wirkt sich auf sie aus, da Ihre Anwesenheit Ihre Schwingungen auf sie überträgt. Wenn Sie Heilsteine besitzen, die Sie am Körper tragen oder mit denen Sie anderweitig viel zu tun haben, dann haben Sie sie bereits mit Ihren Schwingungen aufgeladen. Wenn Sie Ihre Steine jedoch aktiv aufladen, dann sollten Sie dafür sorgen, dass sie so viel wie möglich mit Ihren

Schwingungen in Berührung kommen. Wenn wir über menschliche Schwingungen und Auren sprechen, meinen wir eine Menge unterschiedlicher Dinge. Herzschlag, Nervensystem, Atemrhythmus – all diese Dinge tragen zur Gesamtfrequenz Ihrer Aura bei. Da es schwierig ist, Heilsteine dem eigenen Herzschlag oder Nervensystem auszusetzen, verwenden viele Heilsteintherapeuten ihren Atemrhythmus, um eine starke Verbindung zwischen ihren eigenen Schwingungen und denen ihrer Steine herzustellen. Wenn Sie Ihre Heilsteine direkt anhauchen, werden sie nicht nur dem Rhythmus Ihrer Atmung ausgesetzt, sondern auch den natürlichen Schwingungen Ihres Kehlkopfs. Sie können auch versuchen, direkt in Ihre Heilsteine zu singen, um die maximale Schwingungswirkung zu erzielen. Diese Technik lädt Ihre Steine mit kraftvollen Schwingungen auf und sorgt dafür, dass sie eine starke Verbindung mit Ihnen und der besonderen Aura Ihres Körpers aufbauen.

Sie mit Ihren spirituellen Führern verbinden

Wenn Sie sehr stark in die spirituelle Gemeinschaft eingebunden sind, dann haben Sie wahrscheinlich Ihre eigenen spirituellen Führer. Das sind Figuren wie Götter oder astrologische Wesenheiten, zu denen Sie eine starke Verbindung verspüren und von denen Sie sich in Ihrem spirituellen Leben leiten lassen. Bei vielen der Techniken, über die wir in diesem Kapitel gesprochen haben, liegt der Fokus auf Verbindung. Diese Techniken helfen Ihnen, Verbindungen zwischen den verschiedenen Aspekten Ihres spirituellen Lebens herzustellen und Wege zu schaffen, die Ihnen auf Ihrer Reise zur spirituellen Einheit helfen werden. Wenn Sie in der Lage sind, Ihre Heilsteine mit Ihren spirituellen Führern zu verbinden und sie mit der für Sie stimmigen Energie aufzuladen, dann werden Sie Ihr spirituelles Leben bereichern und rundum starke Verbindungen schaffen.

Kapitel 13:
Das Programmieren der Heilsteine

Der dritte wichtige Schritt vor der Verwendung Ihrer Heilsteine ist deren Programmierung. Die Programmierung folgt auf natürliche Weise auf die Reinigung und Aufladung. Wenn Sie Ihre Steine aufladen, füllen Sie sie mit Energie und verstärken ihre Fähigkeiten dazu, ihren natürlichen Zweck zu erfüllen. Die Programmierung ist eine gezieltere Art der Aufladung. Wenn Sie sich das Aufladen der Heilsteine wie das Aufladen Ihres Laptops vorstellen, ist das Programmieren der Steine wie das Einstellen Ihres Desktop-Bildes und das Herunterladen der Software, die Sie auf Ihrem Computer verwenden möchten. Während einige der Aufladungsmethoden, über die ich im vorigen Kapitel gesprochen habe, hilfreich sind, um Ihre Heilsteine in Richtung Ihrer Absicht zu lenken, geht es bei der Programmierung darum, Ihre Absicht direkt zu formulieren und Ihre Steine auf den genauen Weg dorthin zu bringen. In diesem Kapitel führe ich Sie durch den Prozess der Programmierung Ihrer Heilsteine, damit sie anschließend ihre Intention erfüllen können. Zunächst werde ich Ihnen die allgemeine Definition und die Parameter der Programmierung von

Heilsteinen erläutern. Dann werde ich einige der besonderen Vorteile der Heilsteinprogrammierung erläutern. Und schließlich zeige ich Ihnen einige der vielen Methoden, mit denen Sie Ihre Steine für die Zwecke programmieren können, denen sie dienen sollen. Am Ende dieses Kapitels sollten Sie einige sehr zielgerichtet programmierte Heilsteine zur Verfügung haben!

Was geschieht beim Programmieren von Heilsteinen?

Wir wissen also, dass es bei der Programmierung von Heilsteinen darum geht, sie auf bestimmte Absichten auszurichten, aber wie genau funktioniert das? Nun, wenn Sie sich auf eine Mediation einrichten, haben Sie wahrscheinlich schon eine Absicht im Kopf. Sie möchten Kraft tanken, über einige Ideen nachdenken oder Ihre Ängste loslassen. So ist es auch beim Umgang mit Heilsteinen. Bevor Sie Ihre Steine verwenden, müssen Sie Ihre Absichten ihnen gegenüber festlegen. Wofür wollen Sie Ihre Steine wirklich verwenden? Welche Art von Energien wollen Sie mit ihrer Hilfe in Ihr Leben bringen? Welche Energien sollen sie vertreiben? Wohin genau soll Ihre Reise in die Welt der Heilsteine Sie führen? Auf den Weg zur Erleuchtung über die höheren Dinge im Leben? Zu der Art von Leben, die Sie sich wünschen? Auf den Weg zu einer tieferen Verbindung mit dem Universum und anderen Menschen? Die Berücksichtigung all dieser wichtigen Fragen wird Ihnen helfen, Ihre Heilsteine auf die für Sie richtige Weise zu programmieren.

Die Programmierung von Heilsteinen bezieht sich auch auf die physischen Eigenschaften Ihrer Steine, was bedeutet, dass Sie die Möglichkeit haben, Ihre Steine sowohl mit physischen Gegebenheiten als auch mit Absichten zu programmieren. Einige der Aufladungsmethoden, über die ich im letzten Kapitel gesprochen habe, beziehen sich auf bestimmte Dinge, aber dabei ging es meist nur um die Ausrichtung und das Herstellen von Verbindungen zwischen Ihren spirituellen Praktiken. Die in diesem Kapitel beschriebenen Methoden konzentrieren sich auf spezifischere Wege, um Ihre Heilsteine in eine bestimmte Richtung zu lenken. Mit anderen Worten: Das Programmieren ist eine präzisere Version des Aufladens; Letzteres ist wie das Starten des Motors und Ersteres wie das Setzen des Kurses.

Die Vorteile des Programmierens von Heilsteinen

Es gibt viele Wege, durch Programmieren Ihre Erfahrung mit Heilsteinen völlig neu zu gestalten. Vielleicht haben Sie bisher außergewöhnliche Erfahrungen mit Heilsteinen gemacht und können sie auch weiterhin verwenden, ohne sie jedes Mal programmieren zu müssen, doch wenn Sie es tun, werden Sie mit Sicherheit bessere und gezieltere Ergebnisse erhalten. Die gewünschten Ergebnisse werden Sie jedoch nicht erzielen, wenn Sie versuchen, gegen die natürlichen Eigenschaften des Heilsteins vorzugehen. Die Formulierung Ihrer Absichten sollte immer ein Prozess der Eingrenzung sein. Sie sollten sich Ihre Absichten überlegen, bevor Sie Ihre Heilsteine überhaupt kaufen, und diese Absichten im Laufe der Zeit immer weiter eingrenzen. Der Versuch, einen Heilstein zur Entspannung in einen Heilstein zur Manifestation zu verwandeln, führt nur dazu, dass Sie nicht das bekommen, was Sie wollen, und die Energie des Heilsteins durcheinanderbringen. Solange Sie in der Lage sind, die Eigenschaften des Steins passgenau auf Ihre Absichten abzustimmen, wird es Ihnen ohne Probleme gelingen, ihn auf die Absichten zu programmieren, die Sie im Sinn haben.

Methoden zur Programmierung von Heilsteinen

Wie beim Reinigen und Aufladen gibt es viele Möglichkeiten, wie Sie Ihre Steine programmieren können. Einige dieser Methoden werden bei bestimmten Arten von Heilsteinen effektiver sein als bei anderen. Bestimmte Methoden werden auch in Bezug auf bestimmte Arten von Absichten effektiver sein als bei anderen, besonders wenn Sie sehr spezifische Pläne für die Verwendung Ihrer Heilsteine haben. In diesem Abschnitt werden wir einige der gebräuchlichsten Methoden untersuchen, mithilfe derer Menschen ihre Heilsteine programmieren. Bei einigen dieser Methoden reicht die reine Manifestation Ihrerseits, während bei anderen bestimmte Zeremonien durchgeführt werden müssen. Es hängt alles davon ab, was Sie für sich und den betreffenden Heilstein für richtig halten.

Manifestation

Der einfachste Weg, Ihre Heilsteine richtig zu programmieren, besteht darin, sie in Ihren Manifestationsprozess einzubeziehen. Halten Sie sie in der Hand, während Sie manifestieren oder meditieren, und versuchen Sie, die Gedanken, die Ihnen durch den Kopf gehen, wirklich mit dem Stein zu verbinden, den Sie in der Hand halten. Die Visualisierung ist ein sehr wichtiger Teil dieses Prozesses. Denken Sie an die Dinge, die Sie in Ihrem Leben manifestieren wollen. Ist es Liebe? Kreative Inspiration? Geld? Was auch immer es ist, Sie müssen sich damit verbinden. Aber sich damit zu verbinden, bedeutet nicht nur, an die Sache selbst zu denken, sondern auch daran, wie sie konkret in Ihr Leben passt. Denken Sie genau darüber nach, wie Sie die Dinge, die Sie sich wünschen, erleben würden, und machen Sie sich ein klares Bild von Ihrem Leben mit dieser neu gefundenen Sache. Wenn Sie dies tun, während Sie sich auf tiefgreifende Weise mit Ihrem Heilstein verbinden, werden Sie in der Lage sein, das Gewünschte tatsächlich zu manifestieren und gleichzeitig Ihren Stein zu programmieren.

Die Chakramethode

In Kapitel 3 haben wir darüber gesprochen, wie Heilsteine mit den Chakren zusammenhängen. Es gibt Heilsteine, die verschiedenen Chakren entsprechen, und Steine können Ihnen sogar dabei helfen, Ihre Chakren zu lösen oder zu öffnen. Aber wussten Sie, dass Sie Ihre Chakren auch nutzen können, um Ihre Heilsteine zu programmieren? Da Heilsteine stark mit der Manifestation verbunden sind, ist das beste Chakra dafür eigentlich das Stirnchakra. Dieses Chakra ist mit Ihren weitreichenden Zielen und Ihrem Lebensplan verbunden. Wenn Sie dieses Chakra zur Programmierung Ihrer Heilsteine verwenden, stellen Sie eine starke Verbindung zwischen diesen langfristigen Plänen und Ihren Chakren her. Die genaue Art und Weise, dies zu erreichen, besteht darin, sich hinzulegen und den Stein Ihrer Wahl auf Ihr Stirnchakra zu legen. Anschließend können Sie einige der oben genannten Manifestations- und Visualisierungstechniken anwenden. Sie können sich diese Methode als eine Art erweiterte Version der Manifestationstechnik vorstellen, bei der Sie die Besonderheit des Stirnchakras nutzen, um Ihre Absichten auf die Energie Ihres Heilsteins zu lenken.

Heilsteingitter

Eine weitere wichtige Methode, durch die Sie Ihre Heilsteine programmieren können, besteht darin, andere Steine zu verwenden. Steine haben natürlich starke Schwingungsmuster, die andere Schwingungsmuster beeinflussen und ebenso von ihnen beeinflusst werden. Daraus folgt, dass Heilsteine in der Lage sind, sich gegenseitig zu beeinflussen. Ihre Steine, besonders wenn sie unterschiedliche Schwingungen haben oder für unterschiedliche Zwecke verwendet werden, können sich gegenseitig stark beeinflussen. Sie können die Schwingungsmuster der jeweils anderen Steine aufgreifen und untereinander Energien austauschen. Diese Symbiose zwischen den Heilsteinen herzustellen, ist ein sehr wichtiger Aspekt der Programmierung, besonders wenn es sich um eine Gruppe von Steinen handelt, die Sie gemeinsam verwenden wollen. So wie Sie Ihre Steine mit Ihren eigenen Energien und Ihren weiteren spirituellen Praktiken in Einklang bringen, ist es auch wichtig, dass Sie Ihre Steine miteinander in Einklang bringen. Wenn Sie Ihre Heilsteinkombinationen richtig aufeinander abstimmen, können Sie sogar eine dynamischere Wirkung erzielen, als es sonst der Fall wäre.

Wie synchronisiert man also seine Steine miteinander? Nun, eine der beliebtesten Methoden dafür ist die Verwendung eines sogenannten „Heilsteingitters". Ein Heilsteingitter ist im Wesentlichen eine Anordnung von Heilsteinen, die so gestaltet ist, dass sich die dazugehörigen Steine gegenseitig mit ihren Energien versorgen können. Man kann Heilsteingitter zum Programmieren und ganz allgemein zum Üben verwenden. Heilsteingitter tun all das, was ich oben aufgezählt habe: Sie bauen eine Beziehung zwischen Ihren Steinen auf und helfen Ihnen, mehrere Energien an einem Ort zu sammeln, damit Ihre Heilsteintherapie an Kraft gewinnt. Wenn Sie ein Heilsteingitter zum Programmieren verwenden, schaffen Sie auf subtile Weise eine Dynamik und Hierarchie zwischen Ihren Steinen. Sie stellen sie einander vor und schaffen einen Präzedenzfall für die Art und Weise, wie Sie sie in Zukunft zusammen verwenden werden.

Die Anordnung der Steine ist natürlich das Wichtigste bei einem Heilsteingitter. Die meisten Heilsteingitter sind kreisförmig aufgebaut, mit einem „dominanten" Stein in der Mitte und den anderen Steinen um diesen herum angeordnet. Sie können jedoch selbst entscheiden, welche Anordnung Ihnen am besten gefällt. Wenn es eine bestimmte Form oder ein bestimmtes Muster gibt, von dem Sie glauben, dass es

Sie spirituell anspricht, z. B. ein Dreieck oder ein Stern, dann können Sie diese Form verwenden. Bei den meisten Formen wird ein Stein so platziert, dass er eine Art Zentrum oder Spitze bildet. Wo Sie die Heilsteine innerhalb der Hierarchie platzieren, hat einen großen Einfluss darauf, wie sie im Verhältnis zueinander funktionieren. Wenn Sie einen Heilstein an einer starken Position platzieren, können die Schwingungen dieses Steins die anderen Steine dominieren und so einen definitiven Präzedenzfall für die Schwingungen der gesamten Sammlung schaffen. Aus diesem Grund sollten Sie den Stein, der an dieser Stelle platziert wird, mit Bedacht auswählen. Wählen Sie den Stein, zu dem Sie die stärkste Verbindung verspüren und von dem Sie das Gefühl haben, dass er Ihre Absichten am meisten beeinflusst. Auf diese Weise laden Sie alle Ihre Heilsteine mittels Ihres Lieblingssteins auf und richten sie auf die von Ihnen gewählte Energie aus.

Kapitel 14:
Ihre Absicht festlegen

Um Heilsteine effektiv einzusetzen, müssen Sie wissen, wofür Sie sie verwenden. Sie wollen nicht die falschen Dinge manifestieren. Selbst wenn Sie sich der vagen Ideen bewusst sind, die Sie manifestieren möchten, ist diese als Absicht vielleicht nicht spezifisch genug. Vage Dinge mit Ihren Heilsteinen zu manifestieren, ist fast so schlimm wie die falschen Dinge zu manifestieren, da Sie Ihren Steinen im Grunde nicht die richtigen Anweisungen geben. Sie könnten feststellen, dass Sie in einer dieser Situationen enden, über die man gerne „sei vorsichtig mit dem, was du dir wünschst" sagt, und die wie eine negative Version Ihres beabsichtigten manifestierten Zwecks wirkt. Aus diesem Grund ist das richtige Festlegen von Absichten einer der wichtigsten Aspekte bei der Verwendung von Heilsteinen. In diesem Kapitel werden wir uns von den reinen Fakten über Heilsteine lösen und die Gründe für ihre Verwendung betrachten. Ich werde Sie Schritt für Schritt dabei begleiten, wenn Sie Ihre klaren Absichten für Ihre Heilsteinpraxis formulieren und einen Plan dafür erstellen, wie Sie Ihre Steine verwenden werden.

Schritt 1: Bestimmen Sie den Aspekt Ihres Lebens, den Sie manifestieren wollen

Es ist immer gut, seine Ideen einzugrenzen, bevor man sich etwas Großes vornimmt. Wenn Sie sich auf eine Reise der Manifestation begeben, müssen Sie zunächst herausfinden, in welchem Lebensbereich Sie versuchen, positive Energie zu manifestieren. In Ihrem Liebesleben, Ihrem Berufsleben, Ihrem kreativen Leben, Ihren Freundschaften oder in einem anderen Bereich? Dieser Bereich muss nicht unbedingt einer sein, in dem Sie extreme Defizite haben. Viele Menschen, die in ihrem Traumbereich arbeiten, haben zum Beispiel trotzdem noch Ziele und Wünsche, die mit ihrer Karriere zusammenhängen, und viele Menschen in glücklichen Ehen wünschen sich ein langes Bestehen ihrer Beziehungen. Der Aspekt des Lebens, in dem Sie etwas manifestieren wollen, kann also jeder sein, in dem Sie Ziele, Hoffnungen, Träume oder Bestrebungen haben. Überall dort, wo Sie das Gefühl besitzen, dass Sie mehr haben oder weiter kommen könnten, können Sie manifestieren. Vielleicht möchten Sie auch in mehreren Bereichen Ihres Lebens gleichzeitig manifestieren. Wenn das der Fall ist, sollten Sie die folgenden Schritte trotzdem für jeden Bereich einzeln durchführen. Nun sollten Sie zunächst entscheiden, in welcher Kategorie Sie etwas manifestieren wollen.

Schritt 2: Bestimmen Sie, wo Sie jetzt stehen

Der nächste Schritt des Prozesses besteht darin, einen genauen Blick darauf zu werfen, wie dieser Aspekt Ihres Lebens jetzt aussieht. Auch wenn es Menschen gibt, die trotz ihres Glücks etwas manifestieren wollen, so gibt es ebenso Menschen, die gerade eine schwierige Zeit durchleben. Wenn Sie wissen, wie Sie sich derzeit in dem entsprechenden Bereich Ihres Lebens fühlen, können Sie herausfinden, was genau

Sie zu manifestieren versuchen. Stellen Sie sich diese Frage: „Was fehlt mir in diesem Teil meines Lebens?" Das kann alles sein. Sie könnten zum Beispiel Single sein und sich verzweifelt nach einer Beziehung sehnen, und Ihnen fehlt einfach die Romantik in Ihrem Leben. Oder Sie sind bereits in einer Beziehung, erleben aber eine schwierige Phase mit Ihrem Partner, sodass Ihnen die schönen Seiten der Liebe fehlen. In beruflicher Hinsicht sind Sie vielleicht glücklich in Ihrem Job, haben aber das Gefühl, dass eine Beförderung fällig ist – Ihnen mangelt es also an beruflicher Wertschätzung. Oder Sie befinden sich in einem völlig aussichtslosen Job und haben das Gefühl, dass es Ihnen an beruflicher Erfüllung mangelt. Unabhängig vom Grad oder der Art der Entbehrung müssen identifizieren, was Ihnen fehlt und Sie dazu veranlasst, eine Veränderung in diesem Bereich anzustreben.

Schritt 3: Bestimmen Sie, wo Sie kurz- und langfristig hinwollen

Sobald Sie Ihren derzeitigen Zustand festgestellt haben, müssen Sie wirklich untersuchen, was Sie sich wünschen. Es reicht nicht aus, nur den Mangel festzustellen; Sie müssen auch herausfinden, was Sie an dessen Stelle setzen wollen. Wenn Sie das nicht tun, kann es sein, dass Sie die falsche Art von Energie manifestieren. Wenn Sie zum Beispiel Single sind und sich eine Beziehung wünschen, können Sie nicht nur die Linderung Ihrer Einsamkeit manifestieren – Sie müssen auch die Art von Beziehung manifestieren, die Sie suchen. Andernfalls haben Ihre geistigen Führer keine klare Vorstellung und Sie könnten in einer ungesunden oder unbefriedigenden Beziehung enden, weil Sie es versäumt haben, die Details dessen, was Sie eigentlich wollen, wirklich zu definieren. An dieser Stelle beginnen Sie, die Grundlage für Ihre Manifestation zu schaffen. Sie erschaffen aus Ihrer Unzufriedenheit heraus klare Bestrebungen.

Ein wichtiges Element dieses Schritts ist es, den Unterschied zwischen der nahen und der ferneren Zukunft zu berücksichtigen. Die meisten Ziele beinhalten beide Komponenten, wobei die kurzfristigen Ziele lediglich die Vorstufe zu Ihren längerfristigen Zielen sind. Was Ihr Liebesleben betrifft, so könnte Ihr langfristiges Ziel darin bestehen, glücklich verheiratet zu sein und Kinder zu haben, aber Ihr kurzfristiges Ziel besteht einfach darin, ein Date zu bekommen. In der Berufswelt könnte Ihr kurzfristiges Ziel eine Beförderung sein, während Ihr langfristiges Ziel darin besteht, CEO Ihres Unternehmens zu werden. Alle diese Ziele müssen berücksichtigt werden. Wenn Sie also darüber nachdenken, wie Sie Ihren Mangel beseitigen wollen, müssen Sie sich überlegen, wie Sie ihn zum einen sofort und zum anderen auf lange Sicht beseitigen wollen. Dadurch erhalten Sie zwei unterschiedliche Visionen, auf die Sie sich konzentrieren können, um auf Ihrer Manifestationsreise voranzukommen.

Schritt 4: Erstellen Sie ein Moodboard

Nachdem Sie sich wirklich mit Ihren Zielen auseinandergesetzt haben, müssen Sie damit beginnen, sie sorgfältig zu visualisieren. Eine der beliebtesten Möglichkeiten, Ziele für Ihr Leben und sich selbst zu visualisieren, bietet die Erstellung eines Moodboards. Üblicherweise ist ein Moodboard eine Sammlung von Fotos oder anderen Bildern, die eine idealisierte Version dessen darstellen, was Sie sich wünschen. Stellen Sie sich ein Moodboard wie eine Pinnwand für Ihre Zukunft vor. Sie können dort Kleidung anbringen, die Sie gerne tragen würden, Orte, an denen Sie gerne leben oder die Sie gerne besuchen würden, Berufe, die Sie gerne ausüben würden, und so weiter. Diese Fotos müssen nicht genau die Dinge darstellen, die Sie sich wünschen, aber ihr Zweck ist es, eine visuelle Darstellung der Art von Leben für Sie zu erschaffen, das Sie sich wünschen. Wenn Menschen ihre Hochzeit planen, erstellen sie oft

Moodboards mit Bildern von Dingen wie Kleidern, Dekoration, Speisen, Torten und anderen hochzeitsbezogenen Dingen. Sie werden bei ihrer Hochzeit nicht unbedingt die exakten Blumengirlanden oder Tischdekorationen haben, aber sie werden einen klaren visuellen Leitfaden haben, den sie einem Hochzeitsplaner zeigen können, damit er etwas Ähnliches schaffen kann. Das ist es, was Sie für Ihr zukünftiges Ich tun werden.

Moodboards helfen Ihnen dabei, sich das Leben, das Sie sich wünschen, deutlicher vorzustellen, indem sie Ihnen das Leben zeigen, das Sie haben könnten, wenn Sie Ihre Ziele erreichen. Da die Manifestation so stark von der Visualisierung abhängt, helfen Ihnen Moodboards dabei, sich ein geistiges Bild davon zu machen, wie Ihr zukünftiges Leben aussehen wird. Allerdings muss ein Moodboard nicht unbedingt rein visuell sein. Sammeln Sie einfach Dinge, die Sie inspirieren. Wenn Sie also Unternehmer werden wollen, finden Sie es vielleicht nicht hilfreich, eine Bildcollage von Menschen in Geschäftsanzügen zu erstellen, aber Sie könnten es hilfreich finden, eine Liste von Unternehmern zu erstellen, die Sie inspirieren, oder eine YouTube-Playlist mit einigen Vorträgen über Unternehmensgründung. Diese Dinge sind keine Bilder, aber sie geben Ihnen etwas Definitives, das Sie sich ansehen können, um Ihrem Geist, der die Manifestation vornehmen soll, zu helfen, das zu visualisieren, was Sie sich wünschen.

Schritt 5: Verbinden Sie Ihre Wünsche mit Ihrem inneren Selbst

In der Psychologie gibt es eine Dichotomie, die als „intrinsische oder extrinsische Motivation" bekannt ist. Extrinsische Motivation ist eine Motivation, die nichts mit der eigentlichen Aufgabe zu tun hat, sondern auf dem Streben nach einer materiellen Belohnung, wie einem Gehaltsscheck oder einem Preis, beruht. Intrinsische Motivation hingegen ist der Wunsch, etwas um seiner selbst willen zu tun und die reine Befriedigung aus der Leistung an sich zu ziehen. Wenn Sie also backen, weil es Ihnen Spaß macht, interessante Geschmackskombinationen zu kreieren, und es Sie befriedigt, die Aufgabe gut zu erledigen, dann ist das eine intrinsische Motivation, während Sie extrinsisch motiviert sind, wenn Sie backen, weil Sie in einer Bäckerei arbeiten und sich Ihren wöchentlichen Gehaltsscheck verdienen müssen. Auch wenn extrinsische Motivation in gewissem Maße wirksam ist, glauben viele Psychologen, dass intrinsische Motivation tatsächlich stärker ist. Wenn Sie die Aufgabe, die Sie erledigen, mit Ihren tiefsten Wünschen und Werten in Verbindung bringen, werden Sie sie mit größerer Wahrscheinlichkeit gut bewältigen, weil die Leistung selbst von Wert ist.

Wenn Sie die Manifestationsphase erreichen, müssen Sie es wirklich schaffen, eine intrinsische Motivation für das gesetzte Ziel zu finden. Dies ist aus zwei Gründen wichtig. Der erste Grund ist, dass Ihre Ziele dann gezielter und leichter zu erreichen sind. Wenn Sie eine Beförderung anstreben, weil Sie ein höheres Gehalt erzielen wollen, und nicht, weil Sie in einer Weise etwas bewirken wollen, wie es nur in einer höheren Position wirklich möglich ist, dann kommen Sie vielleicht nicht so weit. Der andere Grund, warum Sie versuchen sollten, so viel intrinsische Motivation wie möglich zu finden, ist der, dass Sie wirklich im Innersten Ihres Wesens daran glauben müssen, damit die Manifestation wirksam ist. Die Heilsteine reagieren auf Ihre innersten Schwingungen. Wenn der Wunsch nicht im Innersten Ihres Körpers schwingt, können die Steine ihn nicht wirklich aufgreifen, auch wenn Sie ihn gedanklich schreien. Um mit Ihrer Heilsteinmanifestation wirklich Ergebnisse zu erzielen, müssen Sie sicherstellen, dass Ihre Ziele stark mit Ihren innersten Werten übereinstimmen.

Säule 5:
Pflege

Sie haben also Ihre Heilsteine vorbereitet, Sie haben Ihre Absichten festgelegt, und es ist Ihnen gelungen, große Dinge zu manifestieren. Sie ernten nun die Früchte all dessen, was Ihre erstaunlichen Heilsteine zu bieten haben. Aber jetzt müssen Sie einen Schritt zurücktreten und sich fragen, was Sie Ihren Steinen anbieten. Inzwischen haben Sie wirklich verstanden, dass Heilsteine wie lebende Wesen sind. Sie sind voll von Schwingungen, Leben und Energie. Sie können sie nicht einfach wie leblose Objekte behandeln. Wie ich bereits im Kapitel über die Reinigung erwähnt habe, sind Heilsteine sehr anfällig für äußere Einflüsse und umgekehrt. Wenn Sie sich nicht richtig um sie kümmern, können Ihre Steine leicht falsch ausgerichtet werden, oder schlimmer noch, auch andere Dinge falsch ausrichten. In dieser Säule werden wir uns darauf konzentrieren, wie man seine Steine richtig pflegt. Dies ist ein äußerst wichtiger Aspekt für die Arbeit mit Heilsteinen, der Ihnen hilft, Ihren Steinen etwas zurückzugeben und sie richtig zu behandeln, nachdem sie Ihnen so viel gegeben haben.

Kapitel 15

Die Aufbewahrung von Heilsteinen

Die Art und Weise, wie Sie Ihre Steine aufbewahren, kann einen großen Einfluss darauf haben, wie sie wirken. Sie können die Aufbewahrung von Heilsteinen als eine Art Auszeit für sie betrachten. In dieser Zeit können sie sich entspannen, aufladen und ausruhen, bis sie das nächste Mal zum Einsatz kommen. Doch Heilsteine richtig aufzubewahren, ist nicht ganz so einfach. Der Ort, an dem Sie einen Stein aufbewahren, kann sich sowohl auf den Stein als auch auf den Raum auswirken. Auch Heilsteine, die zusammen aufbewahrt werden können, richtig miteinander zu kombinieren, ist ein wichtiger Aspekt, der zu berücksichtigen ist. Vielleicht interessieren Sie sich auch dafür, wie lange Sie Ihre Steine aufbewahren sollten. All diese Fragen und noch mehr sind es wert, untersucht zu werden. In diesem Kapitel führe ich Sie durch die richtige Lagerung Ihrer Heilsteine und helfe Ihnen, eine gesunde Umgebung zu schaffen, in der sich Ihre Steine zwischen den Heilungssitzungen erholen können.

Wovor Ihre Heilsteine Schutz brauchen

Wie wir bereits erwähnt haben, sind Ihre Steine sehr offen für äußere Einflüsse. Sie haben in den vorangegangenen Kapiteln gesehen, wie viele verschiedene Einflüsse und Elemente die Fähigkeit haben, Ihre Steine stark zu beeinflussen. Jede Art von Schwingung kann die Art und Weise, wie Ihre Steine funktionieren, völlig verändern. Das ist gut, wenn Sie versuchen, sie in einer bestimmten Weise zu beeinflussen, da es Ihnen erlaubt, Ihre Steine wirklich an Ihre speziellen Bedürfnisse anzupassen. Doch es ist nicht gut in dem Sinne, dass Ihre Steine, wenn sie unkontrolliert sind, eine Menge äußerer Einflüsse aufnehmen können, ohne dass Sie es merken. Wenn Sie Ihre Heilsteine aufbewahren, müssen Sie einige Dinge beachten. In diesem Abschnitt liste ich die wichtigsten Dinge auf, von denen Sie Ihre Heilsteine während ihrer Lagerung fernhalten müssen, um sie vor diesen Einflüssen zu schützen.

Licht

Wie wir im Kapitel 11 über die Reinigung gelernt haben, können Heilsteine tatsächlich stark durch Licht beeinflusst werden. Vor allem Sonnen- und Mondlicht wirken sehr aktivierend auf Steine. Wenn Ihr Heilstein natürlichem Sonnen- oder Mondlicht ausgesetzt ist, ohne dass es richtig reguliert wird, kann dies einen übermäßigen Einfluss auf seine Schwingungen haben und möglicherweise dazu führen, dass er aus dem Gleichgewicht gerät. Außerdem können manche Steine durch zu viel Sonnenlicht physisch geschädigt werden. Haben Sie schon einmal ein Bild in einem hell erleuchteten Raum von der Wand genommen, um dann festzustellen, dass die Sonne die Tapete um das Bild herum im Laufe der Zeit verblasst hat und dass sich unter der Stelle, an der sich das Bild befand, ein viel stärker gesättigtes Quadrat befindet? Nun, wenn das Sonnenlicht diese Wirkung auf Tapeten haben kann, dann kann es sich sicherlich auch auf Steine auswirken. Für ihr materielles und spirituelles Wohlbefinden sollten Sie Ihre Heilsteine an einem dunklen Ort aufbewahren.

Wasser

Der andere wichtige Einflussfaktor auf Heilsteine ist Wasser. In dem Kapitel über die Reinigung Ihrer Steine habe ich darüber gesprochen, dass fließendes Wasser und Salzwasser Ihre Heilsteine erheblich beeinflussen kann. Sie sollten Ihre Steine zwar regelmäßig reinigen, aber sie sollten auch nicht ständig Wasser ausgesetzt sein. Wie beim Licht kann dies eine destabilisierende Wirkung auf ihre Schwingungen haben, daher ist es am besten, wenn Sie den Kontakt Ihrer Steine mit Wasser sehr eingrenzen. Ebenso kann Wasser bestimmte Steine auch physisch schädigen. Wasser hat eine korrosive oder erosive Wirkung auf Steine, wenn sie ihm zu lange ausgesetzt sind. Achten Sie also darauf, dass Ihre Heilsteine nicht an einem Ort aufbewahrt werden, an dem sie nass werden oder in den Regen kommen könnten, sowohl im Interesse ihrer Schwingungen als auch ihrer physischen Integrität.

Menschen

Menschen haben Energien und Schwingungen, die die Energie eines Heilsteins tatsächlich beeinflussen können. Deshalb habe ich Ihnen geraten, Ihre Steine zu reinigen, nachdem sie mit anderen Menschen in Kontakt gekommen sind, vor allem bei Kontakt mit der Öffentlichkeit, denn all die Energien, die die Menschen mitbringen, wirken sich auf Ihre Steine aus. Deshalb sollten Sie darauf achten, Heilsteine an einem Ort aufzubewahren, an dem sie nicht ständig mit Menschen in Kontakt kommen. So wird sichergestellt, dass ihre Schwingungen rein und unbeeinflusst von Menschen bleiben. Aus diesem Grund stellen viele Menschen ihre Heilsteine nicht aus, zumindest nicht, wenn sie nicht aktiv versuchen, den betreffenden Raum zu beeinflussen. Wenn

Sie Ihre Steine ausstellen, könnten ihre Schwingungen gestört werden, besonders wenn der entsprechende Raum häufig von vielen Menschen genutzt wird. Bewahren Sie Ihre Heilsteine daher an einem Ort auf, an dem sie viel Privatsphäre haben, z. B. in einem Schrank oder einer gesicherten Schublade.

Die Steine untereinander

Und schließlich können sich Ihre Heilsteine auch gegenseitig beeinflussen. Im letzten Kapitel habe ich über Heilsteingitter gesprochen und darüber, wie sie zur Programmierung verwendet werden können. Heilsteine im Gitter können sich gegenseitig in ihrer Schwingung beeinflussen und so die Art ihrer Heilfähigkeiten verändern. Nun, das Gleiche gilt während der Lagerung. Wenn Sie zwei Heilsteine zusammen aufbewahren, werden sie sich gegenseitig beeinflussen. Wenn Sie das nicht wollen, sollten Sie Ihre Steine so getrennt wie möglich aufbewahren. Selbst wenn man sie in verschiedenen Fächern einer Schmuckschatulle aufbewahrt, ist das ein guter Weg, um die nötige Trennung zu erreichen.

Wer braucht Schutz vor Ihren Heilsteinen?

Umgekehrt beeinflussen Heilsteine mit ihren Schwingungen auch andere Dinge. Auch dies ist in gewisser Weise erwünscht, aber es zeugt von Verantwortung, dafür zu sorgen, dass Ihre Steine keinen ungebührlichen Einfluss auf Sie selbst sowie die Menschen und die Welt um Sie herum haben. Aus diesem Grund sollten Sie nicht nur darauf achten, welche Heilsteine Sie in wessen Gegenwart tragen, sondern auch darauf, wo sich diese Steine befinden, wenn Sie sie nicht tragen oder benutzen. Sie könnten Ihre Freunde oder Ihre Familie sonst unbeabsichtigt starken Heilsteinschwingungen aussetzen, die wirklich nur bewusst und in kleinen Dosen verwendet werden sollten. Dies gilt insbesondere für sehr kraftvolle Heilsteine oder solche mit transformierender Energie. Diese können das Leben eines Menschen sehr beeinträchtigen, weshalb sie mit Vorsicht behandelt werden müssen. Wenn man sie herumliegen lässt, kann das eine Menge Probleme verursachen. So kann es zum Beispiel passieren, dass Sie die Box mit Ihren Heilsteinen versehentlich im Gästezimmer Ihres Hauses stehen gelassen haben, während ein Gast dort übernachtet und somit unwissentlich die Wirkung der enthaltenen Heilsteine erfährt. Oder Sie glauben, dass es sicher ist, Heilsteine in Ihrer Nachttischschublade aufzubewahren, werden aber tatsächlich im Schlaf von ihnen beeinflusst. Die Schwingungen von Heilsteinen sind sehr stark, also achten Sie darauf, dass Sie sie mit Bedacht aufbewahren.

Säule 6:
Heilsteinverzeichnis

In diesem Buch habe ich ausführlich über die verschiedenen Verwendungsmöglichkeiten von Heilsteinen gesprochen und darüber, dass verschiedene, einzelne Heilsteine allen möglichen Dingen zugeordnet werden können, z. B. Chakren, Sternzeichen, Krankheiten und so weiter. Aber welche sind diese spezifischen Steine? Wie heißen einige der Steine, die Sie verwenden können, und wofür werden sie im Allgemeinen eingesetzt? Bisher habe ich es vermieden, irgendwelche spezifischen Heilsteine zu erwähnen, aber in dieser Säule werde ich endlich die aufgeführten Fragen beantworten. Hier werden wir uns einige konkrete Heilsteine ansehen und die Zwecke, denen sie in der Heilsteinpraxis dienen.

Kapitel 16:
Verschiedene Heilsteine

Sie fragen sich wahrscheinlich, welche Heilsteine Sie in Ihrer Praxis verwenden sollten. Ich habe Ihnen bereits einige Ratschläge zur Auswahl von Heilsteinen gegeben, wie z. B. Ihrer Intuition zu vertrauen oder sie auf der Grundlage Ihrer Absichten auszuwählen, aber jetzt werde ich auf die verschiedenen Steine eingehen und darauf, wofür sie am besten verwendet werden. In diesem Kapitel finden Sie eine Liste der am häufigsten verwendeten Heilsteine und eine kurze Beschreibung der verschiedenen Anwendungen jedes einzelnen.

Bergkristall

Wenn Sie an Heilsteine denken, stellen Sie sich wahrscheinlich einen Bergkristall vor. Der Bergkristall sieht aus wie der archetypische Stein: Er ist ein klarer, glasiger Stein, der weißlich leuchtet. Er ist mit Abstand der häufigste Heilstein, den Sie im Handel kaufen können. Darüber hinaus ist Bergkristall auch äußerst vielseitig. Dieser Stein kann in fast jeder Art von Heilsteinpraxis als wichtiger Erdungs- oder Schutzstein verwendet werden. Die Menschen verwenden Bergkristall hauptsächlich, um negative Energie zu vertreiben. Aufgrund seiner Vielseitigkeit kann dieser Stein für jedes Chakra verwendet werden, ist aber besonders nützlich für das Stirnchakra und das Kronenchakra, die mit Klarheit assoziiert sind.

Rosenquarz

Wie der Name schon vermuten lässt, ist der Rosenquarz ein wunderschöner rosafarbener Stein. Er wird im Allgemeinen mit der Welt der Romantik in Verbindung gebracht, was ihm den Spitznamen „der Stein der Liebe" einbrachte. Der Rosenquarz ist wahrscheinlich der zweithäufigste Stein nach dem Bergkristall. Er steht im Allgemeinen für die eher emotionalen Aspekte des Lebens und hilft Ihnen, sich mit anderen und sogar mit der Menschheit im Allgemeinen zu verbinden. Er ist auch als Stein für den Stressabbau bekannt und hilft Ihnen, sich von Ängsten zu befreien, die sich mit der Zeit aufbauen können. Viele Menschen verbinden den Rosenquarz auch mit ihrer weiblichen Seite, und es ist sogar bekannt, dass er den Menstruationszyklus reguliert. Das Chakra, das dem Rosenquarz entspricht, ist natürlich das Herzchakra, das für die eher zwischenmenschliche Seite des Lebens steht.

Rauchquarz

Die letzte Quarzart, zu der ich mich äußern werde, ist der Rauchquarz. Rauchquarz ist ein sehr kraftvoller Heilstein, der dafür bekannt ist, negative Energie aus Ihrem Leben zu verbannen. Dieser Stein ist auch dafür bekannt, dass er am besten für sich allein funktioniert, da er ein sehr grundlegender Stein ist und eine extrem starke, unabhängige Energie hat. Er ist also vielleicht nicht die beste Wahl für Ihr Heilsteingitter. Er gilt im Allgemeinen als ausgleichender Stein und kann Ihnen helfen, alte Glaubenssysteme loszulassen, die Ihnen nicht mehr dienen.

Das dazugehörige Chakra ist das Wurzelchakra, da der Rauchquarz die Kraft hat, sowohl Ihre Grundüberzeugungen zu destabilisieren als auch Sie in neuen Überzeugungen zu erden, um einen Weg nach vorn zu finden. Mit diesen drei Quarzarten decken wir das untere, das mittlere und das obere Chakra ab. Viele Menschen möchten alle drei heilende Quarzarten haben, damit sie auf bewusste und umfassende Weise auf verschiedene Chakrabereiche eingehen können.

Amethyst

Im Gegensatz zum Rauchquarz mit seiner transformativen Kraft ist der Amethyst ein sehr zurückhaltender Stein und einer, den viele Menschen in ihrem Besitz haben. Tatsächlich besitzen viele Menschen Amethyste aufgrund ihres Funkelns und ihres herrlichen violetten Farbtons, also nur zur Dekoration. In der Heilsteinkunde verwenden die meisten Menschen den Amethyst als ausgleichenden Stein, der ihnen hilft, den Frieden in ihrem Leben wiederherzustellen. Er wird auch sehr häufig bei chronischen Schmerzen eingesetzt. Der Amethyst wird mit dem Kronenchakra in Verbindung gebracht und hilft Ihnen, alle Systeme Ihres Körpers auszugleichen und zu regulieren.

Angelit

Wie sein Name schon sagt, hat Angelit starke himmlische Verbindungen. Die Färbung dieses Steins spiegelt dies ebenfalls wider – ein sanftes Himmelblau. Bei diesem Heilstein dreht sich alles um Reinigung. Wenn Sie das Gefühl haben, dass Ihr Leben sehr überladen ist und Sie die Verbindung zu den Dingen, an die Sie glauben, verlieren, kann Angelit Ihnen helfen, den Müll wegzuräumen und frischen Wind in Ihr Leben zu bringen. Er ist auch ein zutiefst beruhigender Stein und hilft besonders gut beim Einschlafen. Wenn Sie nachts einen Angelit-Stein in der Nähe Ihres Bettes aufhängen oder aufstellen, kann er Ihnen zu einem ruhigeren Schlaf verhelfen. Der Angelit-Stein wird mit den drei höheren Chakren in Verbindung gebracht, also dem Halschakra, dem Stirnchakra und dem Kronenchakra, was auf seine regulierenden und reinigenden Kräfte zurückzuführen ist.

Grüne Jade

Grüne Jade ist einer der beliebtesten Schmucksteine. Er hat ein wunderschönes, kräftiges Grün, das schon in seiner Färbung Gelassenheit und Erdigkeit suggeriert. Grüne Jade ist einer der besten Heilsteine für die Meditation. Er hat eine beruhigende Wirkung, die Ihre Meditationsfähigkeiten wirklich auf die nächste Stufe heben kann. Das dazugehörige Chakra ist das Herzchakra, das diesen Stein auch mit den Bereichen Liebe und Romantik, ja sogar mit der Familie verbindet. Verwenden Sie grüne Jade, um sich tiefgründiger mit anderen und Ihrem spirituellen Selbst zu verbinden.

Tigerauge

Der Tigerauge-Stein ist ein rauchig-brauner Stein mit einem erdigen, aber geheimnisvollen Ton. Wie man seinem Namen entnehmen kann, fördert dieser Heilstein die Kühnheit. Er ist ein Stein, der Ihnen helfen kann, in einer bestimmten Situation Ihren Mut zu finden. Er wird auch mit Kreativität in Verbindung gebracht. Wenn Sie das Gefühl haben, dass Sie eine kreative Blockade haben oder Schwierigkeiten haben, anderen Menschen Ihre kreative Seite zu zeigen, kann das Tigerauge Ihnen wirklich helfen. Sein entsprechendes Chakra ist das Sakralchakra, das mit der selbstvertrauensbildenden und kreativen Energie des Steins in Verbindung steht.

Malachit

Dieser Heilstein ist nichts für schwache Nerven. Seine dunkelgrünen, wellenförmigen Muster stehen für die Tiefen des Meeres und all die mächtigen, unbekannten Wesen darin. Malachit wird normalerweise für Transformationszwecke verwendet. Er hat die Kraft, negative Energie aus Ihrem Leben zu verbannen, aber oft aus einem Grund oder auf eine Weise, die Sie nicht erwartet haben. Sie könnten feststellen, dass Sie nach der Verwendung dieses Steins Freundschaften verlieren oder intensive Umwälzungen in Ihrem Leben erleben. Diese Dinge mögen zwar beunruhigend sein, aber sie sind notwendig für Ihr Wachstum. Malachit gleicht das Herz- und das Hals-Chakra aus und verbindet diese Chakren mit der Kommunikation und der zwischenmenschlichen Offenheit, die der Stein fördert.

Schwarzer Onyx

Der schwarze Onyx ist einer der prototypischen Schutzheilsteine. Er ist unerlässlich dafür, dass Ihr Leben seine positiven Energien behält und Sie sich in Richtung einer rein positiven Existenz und Denkweise bewegen. Wie der Malachit wird auch der schwarze Onyx hauptsächlich dazu verwendet, negative Energie aus dem Leben zu vertreiben. Obwohl er etwas weniger stark ist, kann er dennoch ein gefährlicher Heilstein sein, weil er so viele Veränderungen bewirken kann. Rechnen Sie auch hier mit dem plötzlichen Ausscheiden schädlicher Menschen aus Ihrem Leben und mit anderen großen Veränderungen, die sich ergeben. Der Hauptunterschied zwischen Malachit und schwarzem Onyx liegt in ihrer Chakrenverbindung, da der schwarze Onyx mit dem Wurzelchakra verbunden ist. Grundlegende Veränderungen in Ihrem Leben werden normalerweise mithilfe des schwarzen Onyx stattfinden.

Fluorit

Wenn Sie nach Klarheit in Ihrem Leben suchen, werden Sie Fluorit verwenden wollen. Dieser wasserfarbene Heilstein ist perfekt geeignet, wenn Sie die Welt auf realistische Weise sehen wollen. Manche Menschen beschreiben die Wirkung dieses Steins so, als würde man über die beschlagene Windschutzscheibe wischen, so, als ob man zum ersten Mal klar sehen kann. Beim Fluorit geht es auch darum, im Augenblick zu leben. Er kann Ihnen dabei helfen, nicht mehr in der Vergangenheit zu schwelgen und sich auch nicht über zukünftige Möglichkeiten zu sorgen. Kurz gesagt, Fluorit bringt Bodenständigkeit und Realismus in Ihr Leben und ist hervorragend geeignet, um Probleme zu lösen. Fluorit wird mit dem Hals-Chakra in Verbindung gebracht, da er sich auf Klarheit und Ehrlichkeit konzentriert.

Lepidolith

Wenn es bei grüner Jade und Rosenquarz darum geht, sich mit anderen Menschen zu verbinden, geht es beim Lepidolith um die Verbindung zu sich selbst. Dieser dunkelviolette Stein ist einer der auffälligsten Steine auf dieser Liste. Er ist ein großartiges Hilfsmittel, wenn Sie anfangen wollen, in Ihrem Leben mehr Selbstliebe zu praktizieren. Er kann Ihnen helfen, mit Ihrem höheren spirituellen Selbst in Kontakt zu treten und eine kraftvolle Verbindung herzustellen. Das kann auch dazu führen, dass Sie eine natürlichere Intuition entwickeln und Ihrem Unterbewusstsein ein wenig aufmerksamer zuhören können. Dieser Heilstein steht in Verbindung mit den höheren Chakren, also dem Herzchakra, dem Stirnchakra und dem Kronenchakra, was auf seine hohe spirituelle Bedeutung hinweist.

Türkis

Der Türkis wird oft als Stein des Glücks angesehen. Er ist ein mächtiges Werkzeug für die Manifestationsmeditation. Er hilft, Sie zu Ihrem idealen Leben zu führen, zu dem Weg, der in Ihrem höchsten Leben am besten zu Ihnen passt. Wenn Sie den Türkis während der Meditation verwenden, können Sie Ihre tiefsten Wünsche klarer visualisieren. Auf diese Weise kann der Stein Ihnen helfen, viel mehr über sich selbst zu erfahren, als Sie bisher für möglich gehalten hätten. Dieser Heilstein steht in Verbindung mit dem Hals-Chakra und wird oft verwendet, um Menschen, die Angst vor öffentlichen Auftritten haben, zu helfen, sich Gehör zu verschaffen.

Schwarzer Turmalin

Dieser dunkle, anthrazitfarbene Stein ist einer der subtileren Heilsteine in dieser Liste. Er ist ein Reinigungsstein, der verwendet werden kann, um negative Energien in Ihrem Raum abzuwehren und die Luft zu reinigen. Er wirkt sehr langsam, aber die Ergebnisse, die er erzielen kann, sind spektakulär. Wegen dieser Langsamkeit ist er einer der besten Kandidaten für das Tragen am Körper oder die Innendekoration, wie wir bereits in den Kapiteln 8 und 9 besprochen haben. Sie werden vielleicht nicht sofort einen tiefgreifenden Unterschied in Ihrem Leben bemerken, wenn Sie den schwarzen Turmalin verwenden, aber wenn Sie ihn lange genug in Ihrem Raum aufbewahren, werden Sie mit der Zeit feststellen, wie sauber und rein sich dieser Raum anfühlt, und das alles dank der langsamen, kraftvollen Energie dieses Heilsteins. Dieser Stein ist mit dem Wurzelchakra verbunden und hilft Ihnen, sich mit Ihrem Raum zu verbinden und negative Energie zu vertreiben.

Grüner Kalzit

Wenn Sie in Ihrem Leben ein Trauma erlebt haben oder unter psychischen Problemen in Bezug auf Ihr Selbstbild leiden, dann ist grüner Kalzit der richtige Heilstein für Sie. Grüner Kalzit kann Ihnen dabei helfen, schwierige Ereignisse aus Ihrer Vergangenheit zu verarbeiten und die negativen Gefühle loszulassen, die diese Ereignisse möglicherweise in Ihnen ausgelöst haben. Dieser Stein kann Ihnen auch helfen, sich von einschränkenden Glaubenssätzen über sich selbst zu befreien, z. B. von Unsicherheiten, bei denen Sie sich sagen, dass Sie etwas nicht können oder dass Sie in bestimmten Dingen nicht gut sind. Dieser Stein wird mit dem Herzchakra in Verbindung gebracht und strahlt auf alle Ihre Beziehungen ab.

Säule 7:
Heilung

Da Sie nun die häufigsten Heilsteine kennen, die in der Praxis angewandt werden, können wir uns nun der Frage zuwenden, wie sie zur Heilung eingesetzt werden. Diejenigen, die in ihrem Leben Probleme haben, ob psychisch, physisch oder durch äußere Umstände bedingt, suchen wahrscheinlich auf irgendeine Weise nach Heilung. Es gibt viele Wege, die man zur Heilung einschlagen kann, und nicht alle davon sind für jeden geeignet. Manchmal findet man in den Kreisen der Schulmedizin nicht genau das, wonach man sucht. Dann muss man diese Art von Heilung woanders suchen. Wenn Sie jemand sind, der Wert auf ganzheitliche Heilung legt, d. h., der sowohl den Geist als auch den Körper in seinen Heilungsprozess einbezieht, dann können Heilsteine sehr hilfreich für Sie sein. Heilsteine können alle Aspekte des Körpers zusammenbringen und Ihnen helfen, so zu gesunden, dass Sie sich rundum wohlfühlen. In dieser Säule werden wir uns den Prozess der Verwendung von Heilsteinen zur Selbstheilung ansehen.

Egal, welchen Aspekt Ihres Lebens Sie heilen möchten, es gibt wahrscheinlich einen Stein, der Ihnen dabei helfen kann. Darüber hinaus gibt es auch eine bestimmte Art und Weise der Verwendung von Heilsteinen, die speziell auf diesen Bereich Ihres Lebens abzielen kann. Wenn Sie in der Lage sind, Ihre Heilsteine richtig auf den Aspekt Ihres Lebens abzustimmen, den Sie heilen wollen, dann sind Sie auf dem besten Weg, eine wirksame Heilpraxis aufzubauen. In diesem Kapitel werde ich einige der häufigsten Bereiche durchgehen, in denen Menschen sich mit Heilsteinen heilen, und einige der grundlegenden Aspekte dieser Praxis erklären.

Ängste

Einer der häufigsten Gründe, warum sich viele Menschen an Praktiken wie Steinheilkunde und Meditation wenden, ist Stress. Heutzutage leben viele Menschen ein sehr stressiges Leben, sodass Praktiken wie diese umso notwendiger sind. Heilsteine regulieren den natürlichen Rhythmus des Körpers, was für Menschen, die unter Angstzuständen leiden, hilfreich ist. Da unser Rhythmus bei Angstzuständen beschleunigt wird und einen Körper mit hohem Stressfaktor schafft, ist die Regulierung unserer Schwingungen unerlässlich. Amethyst, Tigerauge und Aquamarin sind drei der am häufigsten verwendeten Heilsteine bei Angstzuständen. Was die Methoden angeht, so meditieren viele Menschen mit diesen Steinen, wenn sie akute Angstzustände erleben, oder sie tragen sie bei sich, wenn sie geringere, konstante Angstzustände erleben. Wenn Sie diese Methoden befolgen, sollten Ihre Heilsteine Ihnen helfen, Ihre Stimmung zu regulieren und Sie weniger ängstlich zu machen!

Veränderung

Wir alle machen in unserem Leben Veränderungen durch, aber die meisten von uns wünschen sich, dass wir etwas mehr Kontrolle darüber hätten. Es gibt zwei Hauptmethoden, wie Menschen Heilsteine bei Veränderungen einsetzen. Die eine ist die Bewältigung von Veränderungen, auf die wir keinen Einfluss haben. Dinge wie Geburten, Todesfälle, Eheschließungen und Scheidungen haben alle einen großen Einfluss auf unser Leben, und Heilsteine können uns helfen, diese Umbrüche zu bewältigen. Der Angelit ist einer der Steine, der am häufigsten für die Akzeptanz von Veränderungen verwendet wird. Vielleicht sollten Sie während der Übergangszeiten einige Heilsteine neben Ihrem Bett aufbewahren, damit diese Sie in Ihr neues Leben begleiten. Eine andere Möglichkeit, Heilsteine hierfür zu verwenden, besteht darin, Veränderungen in Bereichen zu manifestieren, die sich eintönig anfühlen. Das bedeutet, dass Sie versuchen, neue Erfahrungen, Beziehungen und Gedanken herbeizuführen. Für diese Art von Wandel sollten Sie entweder Bergkristall für Klarheit oder Malachit für die Reinigung von negativer Energie verwenden. Beide Steine werden Sie in eine neue, erstrebenswerte Zukunft führen. Um diese Heilsteine richtig einzusetzen, sollten Sie sie in Ihre Manifestations- oder Meditationspraxis einbeziehen, damit Sie sich über Ihre Wünsche im Klaren sein können.

Beziehungen

Das Erreichen besserer Beziehungen ist eines der Dinge, für die Heilsteine besonders gut geeignet sind. Ähnlich wie bei der Veränderung gibt es drei Hauptarten, für die die Menschen Heilsteine für Beziehungen einsetzen. Die erste Art ist die Beziehung mit dem Selbst. Dabei handelt es sich in der Regel um eine Stärkung der Intuition und eine Vermischung des bewussten und des unterbewussten Verstandes. Zu diesem Zweck sollten Sie einen Stein wie den Türkis verwenden, um sich für Ihre innersten Wünsche zu öffnen. Die zweite Art der Beziehungen ist die zu anderen Menschen, sowohl romantische als auch platonische Beziehungen. Um Ihre Kommunikationsfähigkeit, Ihr Einfühlungsvermögen und Ihre Fürsorge für andere zu stärken, sollten Sie Heilsteine wie Rosenquarz und grüne Jade wählen. Die dritte Art der Beziehung ist die mit dem Universum als Ganzes oder der spirituellen Welt. Das bedeutet, dass Sie sich für die höheren Kräfte öffnen, die im täglichen Leben oft unbemerkt bleiben. Zu diesem Zweck sollten Sie entweder einen Amethyst oder einen Bergkristall wählen, um dieses höhere Wissen in Ihr Leben zu bringen.

Balance

Die Schaffung von Harmonie in Ihrem Leben ist eines der wichtigsten Dinge, die Sie auf Ihrer spirituellen Reise tun müssen. Ein unausgewogenes Leben kann zu einer Vielzahl von Problemen führen, z. B. zu einer falschen Ausrichtung, zum Durcheinanderbringen und zur Fehlleitung von Lebenszielen. Wenn Sie einen Mangel an Ausgewogenheit in Ihrem Leben verspüren, kann es schwierig sein, dies zu erkennen. Ein Mangel an Ausgewogenheit hat viele Folgen, die sich auf den gesamten Körper und jeden Aspekt Ihres Wesens auswirken können. Aus diesem Grund kann ein Ungleichgewicht in Ihrem Körper zu allen möglichen schwerwiegenden Komplikationen führen, z. B. zu geringerem Selbstvertrauen, fehlender Bodenhaftung und leidenden Beziehungen. Daher ist es wichtig, Ihr Leben ins Gleichgewicht zu bringen. Wenn Sie einen Heilstein suchen, der gut für das Gleichgewicht ist, sollten Sie entweder einen Kronenchakra-Stein wie den Amethyst oder eine starke Vielfalt an Steinen wählen. Wenn Sie eine breite Palette von Heilsteinen zusammenstellen, um sie in einem Gitter zu verwenden oder zusammen zu tragen, können Sie sicherstellen, dass alle Bereiche Ihres Lebens abgedeckt sind und Sie in der Lage sind, bestimmte körperliche Fähigkeiten in Harmonie miteinander zu bringen.

Konzentration

Vielen Menschen fällt es schwer, sich zu konzentrieren, vor allem, wenn sie unter Konzentrationsstörungen wie Zwangsstörungen oder Aufmerksamkeitsdefizit-/Hyperaktivitätsstörungen (ADHS) leiden. Konzentrationsschwierigkeiten können sich auf Ihre Arbeitsleistung, Ihre Interaktionen mit anderen Menschen und Ihre kreativen Aktivitäten auswirken. Konzentration bedeutet jedoch mehr als nur die Fähigkeit, einer Sache im Moment Aufmerksamkeit zu schenken. Mit Konzentration kann auch der Grad der Fokussierung in Ihrem Leben gemeint sein oder Ihre Fähigkeit, einen Weg zu wählen und sich für Dinge zu engagieren beziehungsweise wirklich zu überlegen, was Sie mit Ihrem Leben anfangen wollen. Menschen, denen es in hohem Maße an Konzentration mangelt, wechseln häufig zwischen verschiedenen Jobs und können sich nie auf etwas festlegen. Sie haben vielleicht auch Schwierigkeiten, langfristige Beziehungen aufrechtzuerhalten, weil sie von der

Anzahl der Möglichkeiten, die ihnen zur Verfügung stehen, überwältigt sind. In diesen Fällen fehlt es den Betroffenen oft an Orientierung und Zielstrebigkeit, was dazu führen kann, dass sie sich im Leben wirklich verloren fühlen. Gegen diesen mentalen Zustand benötigen Sie Heilsteine, die mit dem Stirnchakra und der Konzentration im Allgemeinen in Verbindung stehen. Bergkristall, besonders im Vogel-Schliff, ist ein guter Ausgangspunkt. Dieser Stein hilft Ihnen, über das unmittelbare Durcheinander hinauszusehen und das höhere Ziel zu erkennen, das Sie im Leben verfolgen wollen.

Erdung

Ein weiterer Punkt, mit dem viele Menschen zu kämpfen haben, ist das Gefühl, nicht geerdet zu sein. Wenn Sie jemand sind, der viel umzieht oder als Kind viel umgezogen ist, fehlt Ihnen vielleicht ein Ort, der sich wie ein Zuhause anfühlt oder wo Sie Wurzeln haben. Diejenigen, die von ihrer eigenen Kultur entfremdet leben, haben vielleicht auch das Gefühl, dass ihnen die Bodenhaftung fehlt. Aber es geht nicht nur um einen Ort, an dem man sich geerdet fühlt. Vielleicht haben Sie Ihr ganzes Leben lang am selben Ort gelebt, fühlen sich aber in Ihren Beziehungen oder in Ihrem Beruf nicht geerdet. Sie haben vielleicht das Gefühl, dass diese Dinge nicht stabil sind und jeden Moment um Sie herum zusammenbrechen könnten. Manchmal resultiert dieses fehlende Gefühl der Bodenhaftung im sogenannten ängstlichen Bindungsstil, der dazu führen kann, dass Sie sich ständig Sorgen machen, ob Sie akzeptiert und geliebt werden, und dass Sie nicht wirklich darauf vertrauen können, dass sich die Menschen in Ihrem Leben für Sie einsetzen. Unabhängig davon, ob ein traumatisches Ereignis dies ausgelöst hat oder nicht, empfinden Sie in diesem Zusammenhang wahrscheinlich eine Menge Schmerz. Wenn Sie Heilsteine verwenden, um sich selbst zu heilen und zu erden, sollten Sie sich Steine besorgen, die auf

Ihr Wurzelchakra abzielen, wie schwarzer Turmalin oder schwarzer Onyx. Diese Steine werden Ihnen helfen, eine geerdete Perspektive auf Ihr Leben und Ihr Selbst zu gewinnen und sich mit Ihrem jetzigen Zustand und Ihrer jetzigen Situation auszusöhnen.

Fazit

Heilsteine erhalten ihre Schwingungen aus dem Kern der Erde. Wie es der Zufall will, haben wir diese Schwingungen gemeinsam. Im Kern sind wir aus der gleichen Substanz gemacht und teilen eine tiefe Verbindung mit der Erde und damit auch mit den Heilsteinen. Die Heilsteinkunde ist ein Weg, sich mit diesen Kernschwingungen, aus denen wir stammen, zu verbinden und eine starke Beziehung zur Erde aufzubauen. Es ist also kein Wunder, dass Steine einen so starken Einfluss auf uns haben können. Wir reagieren auf einer sehr tiefen Ebene auf sie, erkennen diese Kernverbindung und erlauben ihr, uns zu beeinflussen. Es gibt viele Bereiche des Lebens, in denen Heilsteine uns beeinflussen können. Sie können uns helfen, uns mit unserem Selbstempfinden, unserem Lebensziel, den Gefühlen anderer und dem Universum insgesamt zu verbinden. Sie können Klarheit in unser Leben bringen und uns helfen, über die Probleme des Alltags hinweg in die spirituelle Welt zu sehen. Sie können einen ausgeglicheneren Geist und Körper schaffen, der die unmittelbaren Zusammenhänge zwischen allen Kräften anerkennt. Wenn wir uns auf die Kraft der Heilsteine einlassen können, sind wir in der Lage, viele Aspekte unseres Lebens auf eine tiefe, dauerhafte Weise zu heilen.

In diesem Buch habe ich Sie durch einige der grundlegendsten Aspekte der Heilsteinkunde und ihrer Anwendung geführt. Zunächst habe ich Sie in die Grundlagen der Geschichte der Heilsteine eingeführt und Ihnen dabei geholfen, zu erkennen, woher die Heilsteinkunde kommt, dass sie in vielen Kulturen auf der ganzen Welt stark verwurzelt ist und Verbindungen zu anderen Praktiken wie Chakren, Meditation, Religion und Astrologie hat. Dann habe ich Sie über die Möglichkeiten für den Heilsteinkauf beraten, Sie durch die wichtigsten Optionen geführt, die es gibt, und die Vor- und Nachteile jeder Option aufgelistet, damit Sie eine fundierte Entscheidung für sich selbst treffen können. Im Anschluss an diesen Abschnitt haben wir uns einige Möglichkeiten angesehen, wie Sie Heilsteine in Ihr tägliches Leben einbeziehen können, z. B., indem Sie Ihr Haus mit ihnen dekorieren, sie tragen oder mit ihnen meditieren. Diese Verwendungszwecke können Ihnen helfen, die vielen verschiedenen Anwendungsmöglichkeiten von Heilsteinen zu erkennen, und Ihnen zeigen, dass es zahlreiche Aspekte Ihres Lebens gibt, in denen Heilsteine von Nutzen sein können. Als Nächstes habe ich Ihnen vermittelt, wie Sie sich um Ihre Heilsteine kümmern, vom ersten Kauf über die regelmäßige Pflege bis hin zur Optimierung und Aufbewahrung. Dieser Abschnitt ist für Anwender der Heilsteinkunde unglaublich wichtig, da er Sie daran erinnert, dass Ihre Heilsteine wie Lebewesen sind, die genau wie eine Pflanze gepflegt werden müssen. Schließlich habe ich Ihnen zwei umfassende Listen gegeben: eine mit einigen der beliebtesten Heilsteine auf dem Markt und die andere mit einigen der Lebensbereiche, bei deren Heilung Steine helfen können. Durch diese Listen erhalten Sie einen guten Überblick über die grundlegenden Heilsteine und ihre Verwendungszwecke, was Ihnen hilft, die Steine auszuwählen, die Sie für passend halten und die Sie für Ihre Zwecke verwenden möchten. Nach der Lektüre sollten Sie nun über ein grundlegendes, umfassendes Wissen über Steinheilkunde verfügen und sich darauf freuen, Heilsteine in Zukunft für sich einzusetzen!

Sie haben jetzt einen Einblick in eine der mächtigsten Heilpraktiken der Welt. Viele der Beschwerden und Zwickmühlen, die sich im Laufe der Jahre bemerkbar machen, können durch die Steinheilkunde immens verbessert werden. Wenden Sie dieses Wissen auf Ihre spirituelle Praxis an und nutzen Sie es, um Ihr Leben zu bereichern. Nachdem Sie die Vorteile erfahren haben, werden Sie sich wünschen, dass Sie Heilsteine schon früher in Ihr Leben eingeführt hätten!

Glossar

Amethyst: ein violetter Stein, der sich hervorragend zum Ausgleich eignet

Angelit: ein blauer Stein, der zur Reinigung verwendet wird

Aura: die Schwingungen, die den Körper eines Menschen umgeben

Bergkristall: ein klarer Stein, der zur Fokussierung verwendet wird

Chakren: eine Reihe von Punkten auf dem Körper, die sowohl der physischen als auch der psychischen Sphäre entsprechen

Chi: die Hauptenergie des Körpers, die die physische und die spirituelle Welt miteinander verbindet

Clusterstein: eine Steinform, die mit Verbindung assoziiert wird

Fluorit: ein Stein mit Farben wie das Wasser, der mit Klarheit assoziiert wird

Grüner Kalzit: ein grüner Stein, der zur Traumaheilung verwendet wird

Grüne Jade: ein grüner Stein, der für Liebe und Verbindung steht

Hals-Chakra: das fünfte Chakra des Körpers, das mit Kommunikation und Ehrlichkeit verbunden ist

Heilsteingitter: eine Methode der Heilsteinverwendung, bei der die Steine in einem Gitter angeordnet werden, um ihre Energien gemeinsam wirken zu lassen

Herzchakra: das Chakra in der Körpermitte, das mit Liebe und Verbindung assoziiert wird

Herzstein: eine Steinform, die mit Liebe und Verbindung assoziiert wird, oft Rosenquarz

Körperenergie: natürliche Schwingungen, die vom Körper abgegeben werden und die bei bestimmten spirituellen Heilpraktiken gezielt eingesetzt werden können

Kronenchakra: das höchste Chakra des Körpers, verbunden mit höherem Wissen und der spirituellen Welt

Kugelstein: eine Steinform, die mit einem größeren Ziel und der Beziehung zur Welt als Ganzes assoziiert wird

Lepidolith: ein dunkelvioletter Stein, der für Selbstliebe und Selbstvertrauen steht

Malachit: ein dunkelgrüner Stein, der radikale Transformation und Wachstum fördert

Manifestation: der Akt der Vorstellung eines Ereignisses, um es zu verwirklichen

Pyramidenstein: eine Steinform, die mit Verlangen assoziiert wird

Rauchquarz: ein Stein, der zum Verbannen negativer Energie verwendet wird

Rosenquarz: ein Stein, der mit Liebe und Beziehungen in Verbindung gebracht wird

Sakralchakra: das zweitunterste Chakra des Körpers, verbunden mit Kreativität und Sexualität

Schwarzer Onyx: ein schwarzer Schutzstein, der dem Wurzelchakra entspricht und mit Erdverbundenheit assoziiert wird

Schwarzer Turmalin: ein schwarzer Reinigungsstein, der mit dem Wurzelchakra assoziiert wird und zur Selbsthilfe dient

Solarplexus-Chakra: das dritte Chakra des Körpers, das mit Selbstwertgefühl und Selbstdarstellung verbunden ist

Spitz zulaufender Stein: eine Steinform, die zur Fokussierung verwendet wird

Stirnchakra: das sechste Chakra des Körpers und das zweite von oben, verbunden mit langfristigen Plänen und innerer Wahrheit

Tigerauge: ein Stein, der mit starken Zielen verbunden ist

Trommelstein: eine Steinform, die sehr klein und tragbar ist

Türkis: ein Stein, der mit Glück assoziiert wird

Vogel-Kristall: eine besondere, von Marcel Vogel geschaffene Steinart, die zu einer bestimmten Form geschliffen ist, um Fokus und Klarheit zu fördern

Würfelstein: eine Steinform, die mit Erdverbundenheit assoziiert wird

Wurzelchakra: das unterste Chakra des Körpers, das mit dem Selbstempfinden und der Zugehörigkeit in der Welt verbunden ist

Quellen

A beginner's guide to clearing, cleansing, and charging crystals. (28. April 2022). Healthline. https://www.healthline.com/health/how-to-cleanse-crystals#using-smaller-stones

A beginner's guide to crystal healing. (o. D.). Therapy Directory. https://www.therapy-directory.org.uk/blog/2014/01/16/a-beginners-guide-to-crystal-healing

Amethyst meaning: Everything you need to know – Healing properties & everyday uses. (o. D.). Tiny Rituals. https://tinyrituals.co/blogs/tiny-rituals/amethyst-meaning-healing-properties-and-everyday-uses

Ancillette, M. (o. D.). *How to store healing crystals and stones.* Angel Grotto. https://angelgrotto.com/crystals-stones/storing/

Bem, N. N. (16. März 2021). *Seeing aura colors may reveal inner truths.* Goodnet. https://www.goodnet.org/articles/seeing-aura-colors-may-reveal-inner-truths

Beringer, B. (6. Dezember 2021). *Your guide to charging crystals with intention.* Bustle. https://www.bustle.com/life/how-to-charge-crystals-intention-experts

Black onyx meaning: Healing properties, uses, & benefits. (o. D.). Tiny Rituals. https://tinyrituals.co/blogs/tiny-rituals/black-onyx-meaning#:~:text=Black%20Onyx%20is%20a%20root

Blanchfield, T. (14. Februar 2022). *How to meditate with crystals.* Verywell Mind. https://www.verywellmind.com/how-to-meditate-with-crystals-5214020

Brown, D. (18. April 2018). *Use these 6 crystals to connect with the universe*. Yoga Journal. https://www.yogajournal.com/yoga-101/use-these-6-crystals-to-connect-with-the-universe/

Carlos, K. (2018). *Crystal healing practices in the western world and beyond*. https://stars.library.ucf.edu/cgi/viewcontent.cgi?article=1283&context=honorstheses

Chee, C. (10. Februar 2023a). *Clear quartz crystal: Meaning & healing properties*. Truly Experiences Blog. https://trulyexperiences.com/blog/clear-quartz/

Chee, C. (10. Februar 2023b). *Smoky quartz: Meaning & healing properties of this mysterious crystal*. Truly Experiences Blog. https://trulyexperiences.com/blog/smoky-quartz/

Chee, C. (21. Februar 2023c). *Angelite: Meaning & healing properties of this blue crystal*. Truly Experiences Blog. https://trulyexperiences.com/blog/angelite-crystal/#:~:text=What%20Chakra%20Is%20Angelite%20Good

Christensen, E., & Osborne, C. M. (7. Oktober 2021). *How to charge crystals with intentions*. WikiHow Health. https://www.wikihow.health/Charge-Crystals-with-Intentions

Clark, D. (o. D.). *An introduction to gem identification*. International Gem Society. https://www.gemsociety.org/article/how-gems-are-identified/

Crystals for dealing with change. (o. D.). Crystal Vaults. https://www.crystalvaults.com/crystal-reference-guide/crystals-for-change/

Crystal shapes. (6. Februar 2023). The Australian Museum. https://australian.museum/learn/minerals/what-are-minerals/crystal-shapes/

Crystals 101: A guide to healing crystals for beginners. (o. D.). Adelphi. https://home.adelphi.edu/~sa21715/Crystals101.html

Davis, F. (o. D.). *Stone energy: How to choose a crystal that will rock your world*. Cosmic Cuts. https://cosmiccuts.com/blogs/healing-stones-blog/stone-energy-how-to-choose-a-crystal-that-will-rock-your-world

Ehret, C. (17. Mai 2021). *Crystals for chakra healing*. Ohana. https://ohanayoga.com/crystals-for-chakra-healing/

Ekhart, E. (14. April 2021). *What is Chi?* Ekhart Yoga. https://www.ekhartyoga.com/articles/practice/what-is-chi#:~:text=Chi%20is%20your%20life%20force

Estrada, J. (25. October 2019). *Crystal shapes matter — Here's what they mean and how to amplify their power*. Well+Good. https://www.wellandgood.com/crystal-shapes/

Fluorite meaning: Healing properties & everyday uses. (o. D.). Tiny Rituals. https://tinyrituals.co/blogs/tiny-rituals/fluorite-meaning-healing-properties-everyday-uses

Gordon, J., & Peterson, E. (25. Januar 2022). *Crystal healing: Stone-cold facts about gemstone treatments*. Live Science. https://www.livescience.com/40347-crystal-healing.html

Guhr, A., & Nagler, J. (o. D.). *Crystal healing: The ancient tradition — The therapeutic power, magic and mystery of gems, stones and crystals*. https://www.earthdancer.co.uk/wp-content/uploads/2011/03/aaCrystalpower.pdf

Harrison, M. (o. D.). *10 healing crystals for concentration and focus*. Cosmic Cuts. https://cosmiccuts.com/blogs/healing-stones-blog/healing-crystals-for-concentration-and-focus

Healing crystals for your home or office. (20. April 2021). Desert USA. https://www.desertusa.com/dusablog/healing-crystals-for-your-home-or-office/

Healing properties and benefits of malachite. (29. Januar 2022). Gempundit. https://www.gempundit.com/blog/malachite-stone-uses-meaning-and-healing-properties#:~:text=The%20empowering%20Malachite%20balances%20the

Houston, D. (23. Dezember 2018). *Green-calcite: Meanings, properties and powers*. Crystals and Jewelry. https://meanings.crystalsandjewelry.com/green-calcite/

Houston, D. (17. Mai 2019). *How to program crystals*. Crystals and Jewelry. https://meanings.crystalsandjewelry.com/how-to-program-crystals/

How to charge your crystals. (22. April 2020). C Magazine. https://magazinec.com/beauty/how-to-charge-your-crystals/

How to tell if a crystal is real in 7 easy ways. (o. D.). Tiny Rituals. https://tinyrituals.co/blogs/tiny-rituals/hw-to-tell-if-a-crystal-is-real

Hubber, Jennine. (3. November 2019). *Vogel crystals explained*. Avalon InLa'Kesh. https://www.avaloninlakesh.com/vogel-crystals-explained/

Lepidolite meaning: Healing properties & everyday use. (o. D.). Tiny Rituals. https://tinyrituals.co/blogs/tiny-rituals/lepidolite-meaning-healing-properties-everyday-use

Mael, M. (25. Oktober 2021). *How often should you cleanse and charge crystals?* Michal & Company. https://michalandcompany.com/how-often-cleanse-and-charge-crystals/

Marcel Vogel and healing crystals. (o. D.). Crystal Light and Sound. https://www.crystallightandsound.com/who-was-marcel-vogel/

Meditating with crystals. (28. Juni 2022). Better Sleep. https://www.bettersleep.com/blog/meditating-with-crystals/

Regan, S. (15. Juni 2021). *9 ways to charge your crystals & why it's so important.* Mind Body Green. https://www.mindbodygreen.com/articles/how-to-charge-crystals

Regan, S. (12. März 2022a). *Black tourmaline is a crystal you don't want to miss — here's why, according to experts.* Mind Body Green. https://www.mindbodygreen.com/articles/black-tourmaline-healing-properties-how-to-use-more#:~:text=Which%20chakra%20is%20associated%20with

Regan, S. (30. Mai 2022b). *Tiger's-eye 101: Everything to know about this powerhouse crystal.* Mind Body Green. https://www.mindbodygreen.com/articles/tigers-eye#:~:text=Tiger%27s%2Deye%20is%20closely%20related

Regan, S. (27. Juni 2022c). *11 aura colors & what they say about you.* Mind Body Green. https://www.mindbodygreen.com/articles/aura-colors-and-their-meanings

Roberts, T. (22. März 2022a). *25 of the best crystals for balance and healing.* Sarah Scoop. https://sarahscoop.com/25-of-the-best-crystals-for-balance-and-healing/

Roberts, T. (30. März 2022b). *25 of the best powerful crystals for health & wellness.* Sarah Scoop. https://sarahscoop.com/25-of-the-best-powerful-crystals-for-health-wellness/

Rocha, U. (30. August 2017). *What is an aura and how do crystals help or heal it?* Stonebrick. https://stonebridgeimports.ca/a/500-what-is-an-aura-how-do-crystals-help-or-heal-it

Rowland, M. (18. März 2020). *Top 10 reasons why you should wear crystals & gemstone jewellery*. Nature's Magick. https://naturesmagick.com.au/blogs/natures-magick-blog/top-10-reasons-why-you-should-wear-crystals-gemstone-jewellery

Scoop, S. (1. Juni 2022). *25 best crystals to use for grounding and healing energy*. Sarah Scoop. https://sarahscoop.com/25-best-crystals-to-use-for-grounding-and-healing-energy/

16 crystals for prosperity & abundance. (o. D.). Tiny Rituals. https://tinyrituals.co/blogs/tiny-rituals/crystals-for-prosperity

St. Claire, C. (11. März 2014). *6 tips for buying and using crystals (a beginner's guide)*. Thought Catalog. https://thoughtcatalog.com/claudia-st-clair/2014/03/your-essential-guide-to-buying-and-choosing-crystals/

Stelter, G. (19. Dezember 2016). *A beginner's guide to the 7 chakras and their meanings*. Healthline. https://www.healthline.com/health/fitness-exercise/7-chakras#The-takeaway

Tan, H. (o. D.). *How to arrange crystals in your home, according to the experts*. Eva Gems & Jewels. https://evagemsandjewels.com/blogs/insights/how-to-arrange-crystals-in-your-home

The 20 best crystals for communication. (o. D.). Tiny Rituals. https://tinyrituals.co/blogs/tiny-rituals/crystals-for-communication

The spiritual science of crystal healing: chapter 7 — working with Vogel Wands. (o. D.). Satya Center. https://www.satyacenter.com/pages/crystal-wisdom-of-marcel-vogel-chapter7

Turquoise chakras. (o. D.). Durango Silver. https://www.durangosilver.com/turquoise-chakras.html#:~:text=Turquoise%20is%20a%20stone%20of

20 healing crystals for anxiety & stress. (o. D.). Tiny Rituals. https://tinyrituals.co/blogs/tiny-rituals/crystals-for-anxiety

What do we mean by an "authentic" Vogel crystal? (o. D.). Crystal Light and Sound. https://www.crystallightandsound.com/what-is-a-vogel-crystal/

Why you need to program your crystals and how. (o. D.). Unique Fengshui. https://uniquefengshui.com/programming-your-crystals/

Williams, R. (17. Juli 2018). *Enhance your meditation practice with crystals*. Chopra. https://chopra.com/articles/enhance-your-meditation-practice-with-crystals

Young, O. (22. Oktober 2020). *How to meditate with chakra stones.* Conscious Items. https://consciousitems.com/blogs/practice/ how-to-meditate-with-chakra-stones